COURS ÉLÉMENTAIRE

DE

FORTIFICATION DE CAMPAGNE,

à l'usage

DES OFFICIERS & SOUS-OFFICIERS,

PAR

L.-L. LEMAIRE,

Lieutenant au 65e, ancien Élève de l'École spéciale Militaire.

(Texte.)

BORDEAUX,

Chez Prosper Faye, Imprimeur-Libraire, fossés de l'Intendance, 15,

AU COIN DE LA RUE DU CHAPELET.

1844.

COURS ÉLÉMENTAIRE

DE FORTIFICATION.

Bordeaux. — Imprimerie de P. FAYE.

COURS ÉLÉMENTAIRE

DE

FORTIFICATION DE CAMPAGNE,

A L'USAGE

DES OFFICIERS & SOUS-OFFICIERS;

PAR

L.-L. LEMAIRE,

Lieutenant au 65e,

ANCIEN ÉLÈVE DE L'ÉCOLE SPÉCIALE MILITAIRE.

BORDEAUX,

CHEZ P. FAYE, IMPRIMEUR-LIBRAIRE, FOSSÉS DE L'INTÉNDANCE, 45,
Au coin de la rue du Chapelet.

1844.

AVANT-PROPOS.

—

Il existe une infinité de livres qui traitent de la fortification, et dont personne n'a jamais contesté et ne
contestera jamais le mérite éminent. Il semble donc, au
premier abord, parfaitement inutile d'en augmenter le
nombre, et surtout impossible de mieux faire. Cependant si on considère que ces ouvrages, écrits la
plupart par des maîtres célèbres, s'adressent particulièrement, je devrais presque dire uniquement, aux
hommes spéciaux qui possèdent déjà les connaissances
variées si nécessaires à leur intelligence, on se con-
vaincra qu'entre les mains d'un grand nombre de
personnes ils seraient à peu près inutiles. Ce n'est
d'ailleurs l'affaire ni de l'infanterie, ni de la cavalerie,
de savoir construire, attaquer ou défendre une place
de guerre. Mais lorsqu'on est en campagne, détaché,
jeté sur les flancs ou sur les derrières d'un corps
souvent éloigné, lorsqu'on a reçu l'ordre de s'y retrancher pour défendre ce point jusqu'à la dernière
extrémité, on serait bien aise alors de connaître non
seulement les noms, mais surtout les propriétés, les
avantages, les inconvéniens, le tracé des ouvrages

passagers, la manière de les construire et de les défiler, d'en augmenter la force par des obstacles accessoires, d'en connaître les points faibles et les points forts, pour pouvoir en diriger avec discernement l'attaque ou la défense. Telle est la tâche que je me suis imposée.

Plusieurs années d'enseignement dans les écoles régimentaires, m'ont appris comment il fallait procéder pour être aisément compris de tous ces hommes laborieux, officiers et sous-officiers, à qui le désir d'apprendre ne manque pas, mais qui souvent ne possèdent point des connaissances mathématiques suffisamment étendues.

J'ai donc établi, pour eux, mon travail sur un plan tout-à-fait nouveau, comme on peut s'en convaincre en jetant un coup-d'œil sur la table analytique placée en tête du volume. J'ai dessiné avec le plus grand soin et sur de grandes échelles, de nombreuses planches, sachant bien qu'il est quelquefois aussi utile de parler aux yeux qu'à l'esprit.

Toutefois, et quoique des personnes éclairées sur la matière aient bien voulu m'honorer de leur suffrage, bien que M. le lieutenant-général Fabvier ait daigné m'accorder, lors de sa dernière inspection, une approbation aussi flatteuse pour un premier essai, je n'ai pas la prétention de croire avoir, dès le début, traité le

sujet d'une manière parfaite. J'ose espérer, je sollici-
terai même des avis, des rectifications, des idées nouvelles, dont je m'efforcerai de faire mon profit, et si
j'ai entrepris une œuvre au-dessus de mes forces, il
me restera du moins l'espérance d'avoir montré la
route à de plus habiles et plus heureux que moi.

EXPLICATION DES SIGNES.

—

° au—dessus d'un nombre signifie *degré*.

′ » » » *minute*.

′ au—dessus d'une lettre » *prime*.

″ » » » *seconde*.

‴ » » » *tierce*.

+ marque l'*addition des quantités entre lesquelles il est placé*.

— » *la soustraction*.

. » *la multiplication*.

——— » *la division*.

$\overline{}^{2}$, ou $(\ )^{2}$, ou ^{2} indique *l'élévation au carré*.

$\sqrt{}$ » *l'extraction de la racine carrée*.

$=$ » *l'égalité*.

TABLE.

—

INTRODUCTION.

PAGES

Considérations générales. 1
Définition du plan; manière d'en déterminer la position. . . 2
Angle et intersection de deux plans; mesure de cet angle. 3
De la ligne droite et du plan. 3
Projections d'un point, d'une droite, d'un plan, d'un système
   de plans passant par des droites parallèles. 5
Par trois points donnés faire passer un plan. 8
Echelle de pente, sa détermination, son utilité. 10
Surfaces coniques; projection; plan tangent; application. . 13
Surfaces cylindriques; plan tangent. 15
Surface gauche; plan tangent. 15
Du terrain considéré comme surface. 16
Par une horizontale, mener un plan tangent au terrain. . . 18
Par une droite inclinée à l'horizon, mener un plan tangent
   au terrain. 19
Profils et leur emploi. 21
Echelles en général, construction des plus usitées. 22
Note sur les plans tangens. 26
Note sur les égalités et équations. 27

PREMIÈRE PARTIE. — NOTIONS THÉORIQUES.

Chapitre Ier. — Ouvrages en rase campagne.

Définition de la fortification. 31
Forme générale d'un retranchement. 32
Idée succincte du problème du déblai au remblai. 38
Inconvénient de la ligne droite isolée et des lignes courbes. 42

PAGES

Ligne brisée, secteur sans feux, angles morts.. 43
Projection d'une portion de retranchement. 45
Classification des ouvrages. 50
Ouvrages ouverts isolés. 51
Lignes et batteries. 57
Ouvrages fermés; emploi de l'artillerie pour leur défense. . 75
Blockhaus.. 93

Chapitre II. — Ouvrages en terrain accidenté.

Idée générale du défilement. 100
Premier cas : limite horizontale. 103
Deuxième cas : limite inclinée. 109
Troisième cas : double défilement. 111
Poterne en coffrage. 114

Chapitre III. — Défenses accessoires.

Palissades. 122
Fraise. 125
Abattis. 126
Chausse-trappes. 127
Trous-de-loup. 128
Barrière. 130
Chevaux de frise. 132
Palanques. 134
Note première. 136
Note deuxième. 137
Note troisième. 138

DEUXIÈME PARTIE. — PRATIQUE.

Nomenclature des outils et instrumens. 139
Emploi du cordeau pour déterminer une direction. 140
Emploi du jalon au même usage. 140
Quadrant. 143
Niveau de maçon. 144

	PAGES
Tracé pratique des ouvrages.	145
Construction des profils.	148
Formation des ateliers.	150
Durée du travail, et résultats approximatifs.	151
Revêtemens et leur emploi.	152
Revêtemens en terre végétale.	153
Revêtemens en gazons.	154
Choix des bois de fascinage.	156
Confection des saucissons.	157
Revêtemens en saucissons	160
Gabions; leur emploi dans les revêtemens.	162
Revêtemens en clayonnage.	166
Opération pratique du défilement.	168

TROISIÈME PARTIE. — APERÇUS NUMÉRIQUES.

Objet de cette partie.	171
Limites des fronts d'une ligne à redans.	171
— — des lignes à crémaillères.	174
— — des lignes et forts bastionnés.	176
Limite du fortin étoilé.	180
— de la redoute carrée simple.	182
Tableau relatif aux ouvrages fermés.	187
— indiquant les portées effectives et limites des diverses bouches à feu, de leur effet de pénétration et de l'épaisseur proportionnelle à donner aux masses couvrantes.	188
— de réduction de quelques pentes en degrés.	189

APPENDICE.

Tracé des camps.	191
Têtes de ponts.	199
Attaque et défense des villages et postes retranchés.	203

COURS ÉLÉMENTAIRE

DE

FORTIFICATION.

INTRODUCTION.

1. Considérations générales. — Comme il serait extrêmement difficile, pour ne pas dire impossible, de représenter exactement, dans toutes leurs parties et leurs proportions, les objets que l'on se propose d'étudier, on a imaginé, pour remplir le même but, deux systèmes abrégés et commodes, qui permettent en même tems d'étudier leurs principales propriétés géométriques.

Le premier, dont nous nous servirons rarement, consiste à imaginer l'objet que l'on veut définir, comme suspendu entre deux plans qui se coupent généralement à angle droit, et où toutes ses parties viennent se réfléter, comme dans deux miroirs, suivant des lois qu'il n'est pas de notre ressort d'étudier. Ces reflets, ces images, ou comme on pourrait dire, ces deux silhouettes du corps, se nomment en général : ses *projections*. (Pl. I, fig. 1).

Le second système, qui est presque constamment employé en fortification, n'emploie qu'un seul de ces miroirs ; mais il supplée au second en ajoutant à l'image de chaque point important, un nombre qui indique sa hauteur au-dessus du miroir. Ce miroir plane, ou *plan*, que l'on prend une fois pour toutes *horizontal*, se nomme *plan de projection*, et quelquefois *plan de repère* ; le nombre indiquant la hauteur d'un point, se nomme *la cote* de ce point. (Pl. I, fig. 2).

Avant d'entrer dans les détails, nous allons donner sommairement quelques explications qui en faciliteront l'intelligence ; mais nous nous bornerons, autant que possible, à de simples énoncés, à moins d'une obscurité imminente.

2. Ce que c'est qu'un plan. — On appelle *plan*, ou *surface plane*, une surface telle, qu'on puisse y faire glisser une ligne droite dans tous les sens, sans qu'aucun de ses points cesse de coïncider avec la surface ; ainsi, les deux côtés d'une feuille de papier tendue, une table bien lisse, un miroir, un marbre bien poli, sont des portions limitées de surface plane ou de plan. Par extension, la surface des eaux tranquilles dans les bornes de la courbure de la terre, le sol même dans de certaines limites, sont considérés comme des surfaces planes ; de plus, à moins qu'on ne spécifie le contraire, la portion de terrain sur laquelle on opère en fortification, est habituellement regardée comme horizontale.

(Nous remarquerons ici, que toutes les fois qu'on veut représenter des plans, pour étudier leurs relations, soit entre eux, soit avec d'autres figures, on en trace une portion limitée, que l'on désigne par deux lettres prises en diagonale. C'est ainsi que nous appellerons le plan limité par les droites : MP, PN et NR, le plan MN, et ainsi des autres. (Pl. I, fig. 2).

3. Angle de deux plans. — L'ouverture que laissent entre eux deux plans qui se coupent, comme les parois d'une muraille, les feuilles d'un livre à demi ouvert, les parties d'un papier plié en deux, se nomme *angle dièdre*, ou simplement *angle* des deux plans, par analogie avec l'angle de deux droites.

4. Intersection. — La ligne suivant laquelle deux plans se coupent, est toujours une ligne droite : le coin du mur, le pli du papier, sont des lignes droites ; on nomme cette ligne *l'intersection* des deux plans, et quelquefois *l'arête* de l'angle dièdre qu'ils forment ou interceptent. (Pl. I, fig. 3).

5. MESURE DE L'ANGLE. — Pour évaluer ou mesurer un pareil angle, on le remplace par l'angle de deux droites choisies de telle manière, que l'un des angles ne peut augmenter ni diminuer, sans que l'autre ne subisse absolument les mêmes altérations. A cet effet : *dans chacun des deux plans, et au même point de l'intersection, on élève une perpendiculaire à cette intersection; l'angle de ces deux perpendiculaires entre elles, mesure l'angle des deux plans.*

6. MANIÈRE DE DÉTERMINER LA POSITION D'UN PLAN. — Trois points non en ligne droite, ou deux droites qui se coupent, ou deux droites parallèles entre elles, suffisent pour fixer invariablement la position d'un plan; et comme ces trois conditions peuvent toujours se ramener à une seule, on dit plus généralement :

Par trois points non en ligne droite, on peut toujours faire passer un plan; mais on n'en peut faire passer qu'un;

Ou bien :

Trois points non en ligne droite déterminent rigoureusement la position d'un plan.

7. DE LA LIGNE DROITE ET DU PLAN. — Une droite qui rencontre un plan, est perpendiculaire ou oblique à ce plan : le point de rencontre se nomme le *pied* de la droite.

8. *Elle est perpendiculaire au plan toutes les fois qu'elle est perpendiculaire en même tems à deux droites qui passent par son pied dans ce plan, et dans ce cas, elle est perpendiculaire à toute autre droite du plan passant par le même point.* (Pl. I, fig. 4).

9. *La droite est oblique dans tous les autres cas, mais, malgré cette obliquité, on peut toujours mener dans le plan une droite à laquelle elle soit perpendiculaire.*

Ainsi, soit la droite AB, rencontrant obliquement au point B, le plan MN (Pl. I, fig. 5);

D'un point quelconque, A par exemple, pris à volonté sur la droite AB, abaissons une perpendiculaire sur le plan MN, et joignons le point C, pied de cette perpendiculaire avec le point B ; actuellement, dans le plan MN, élevons BD, perpendiculaire à BC ; nous admettrons que cette droite BD, est perpendiculaire sur BA, ou réciproquement, que BA ou AB est perpendiculaire à BD. On reconnait en même tems (n° 8), que BD étant perpendiculaire à BA et à BC, est perpendiculaire au plan de ces deux droites.

Du reste, cette seule figure va nous servir à établir plusieurs remarques qu'il est indispensable de bien graver dans sa mémoire, si l'on ne veut se trouver arrêté à chaque pas.

10. En premier lieu, la droite AC étant perpendiculaire au plan MN, et la droite CB perpendiculaire à une droite quelconque BD de ce plan, toute droite comme BA, BA′, BA″… qui joint le point B avec un point quelconque de la perpendiculaire AC, est elle-même perpendiculaire à la droite BD. Cette proposition doit être regardée comme réciproque de la précédente, bien qu'on la démontre habituellement comme la principale.

11. *Lorsqu'une droite AC, est perpendiculaire à un plan, MN, tout plan mené par cette droite est aussi perpendiculaire au plan MN.*

Dans cet exemple, le plan des deux droites AB et AC est dans ce cas.

12. PROJECTION D'UNE DROITE SUR UN PLAN.—La droite CB se nomme relativement à la droite AB, *la projection* de cette droite *sur le plan* MN ; et si d'un point quelconque de AB, on abaisse une autre perpendiculaire sur le plan MN, elle ne peut manquer de rencontrer ce plan en un point de BC ; ce qui s'exprime en disant, que tout point de AB se projette sur BC.

Le point B, où la droite rencontre le plan, est lui-même

sa projection, et on le nomme particulièrement *la trace* de la droite.

13. ANGLE D'UNE DROITE ET D'UN PLAN. — L'angle ABC, que fait la droite AB avec BC, se nomme également l'angle de la droite AB avec le plan MN; ainsi, *l'angle d'une droite et d'un plan se mesure par l'angle que fait la droite avec sa projection sur ce plan.*

14. INCLINAISON D'UNE DROITE. — Lorsque le plan est *horizontal*, cet angle se nomme particulièrement l'*inclinaison* de la droite.

15. Si on considère le plan passant par les deux droites AB et BD, il sera perpendiculaire à celui des deux droites AB et AC (n° 11), car il contient BD perpendiculaire à ce dernier plan (n° 8).

Ce plan est oblique sur le plan MN, et l'angle des deux plans est mesuré par l'angle (n° 5) ABC.

16. *Lorsque deux plans,* tels que MN et celui qui passe par AB et BC, *sont tous deux à la fois perpendiculaires à un troisième,* tel que celui de AC et BC, *l'instersection des deux premiers plans (c'est ici BD), est perpendiculaire au troisième* (n° 8).

17. TRACE D'UN PLAN. — La droite BD, considérée comme intersection du plan DBA avec le plan MN, se nomme la *trace* de ce plan sur le plan MN, ou vice versâ; cette droite a cette propriété remarquable: *qu'elle renferme les traces, sur le plan MN, de toutes les droites menées comme on voudra dans le plan DAB* ou vice versâ; de même BC, est la trace sur le plan MN du plan BCA, et ainsi des autres.

Ces notions une fois bien saisies, et leurs résultats soigneusement gravés dans la mémoire comme autant d'axiômes, nous allons passer à l'exposition du système de projection habituellement employé pour représenter tout ce qui est du ressort de la fortification (n° 1).

18. PROJECTION D'UN POINT. — D'après la définition

même que nous avons donnée des projections, il est aisé de concevoir que *la projection d'un point n'est autre chose que le pied de la perpendiculaire abaissée du point sur le plan de projection*. (Pl. I, fig. 6).

Donc le point sera entièrement déterminé si on donne sa projection, c'est-à-dire le pied de la perpendiculaire, et la cote du point, c'est-à-dire la longueur de cette perpendiculaire; ainsi soit a la projection d'un point, et 2 sa cote; ce qui veut dire qu'il est élevé de 2^m, par exemple, au-dessus du plan de projection; élevons au point a une perpendiculaire à ce plan, et prenons $aA = 2^m$, le point A sera évidemment le point cherché.

Donc en effet, *un point est entièrement déterminé par sa projection et sa cote*.

19. PROJECTION D'UNE DROITE. — Nous avons vu (n° 12) ce qu'on entendait par *projection d'une droite*; or, une droite est déterminée, lorsqu'on donne deux de ses points (*puisque d'un point à un autre on ne peut mener qu'une ligne droite*). D'ailleurs, nous venons de voir que pour déterminer un point, il fallait donner sa projection et sa cote; donc *une droite est elle-même déterminée de position par la projection et la cote de deux de ses points*. (Pl. I, fig. 7).

Ainsi a, étant la projection d'un point coté 2^m, et b, la projection d'un point coté 5^m, soit proposé de construire la droite qui joint ces deux points dans l'espace; au point a, élevons une perpendiculaire au plan de projection, et prenons a A égale à 2^m; au point b élevons de même b B, égale à 5^m; et joignons AB, nous aurons la droite cherchée.

Pour trouver la trace de cette droite (n° **12**), il faudrait prolonger BA, jusqu'à sa rencontre avec le plan; mais cette opération étant incommode à effectuer, puisqu'on ne construit pas habituellement les lignes elles-mêmes, on a dû chercher à déterminer ce point directement; c'est à quoi l'on parvient aisément avec un peu d'attention. En effet, la différence de niveau entre les deux points, est de 3^m, et se trouve mesurée par $BC = (Bb — Aa)$; donc en partageant BC en trois parties égales, on aura successivement sur la droite Bb, les points cotés : 2^m, 3^m, 4^m et 5^m; en menant par les deux points de division des parallèles à AC ou ab, la droite AB se trouvera également partagée en trois parties égales, et les points de division se trouveront aux élévations respectives de 3^m et de 4^m; les projections de ces points s'obtiendront (n° 18) par les perpendiculaires qu'on en abaissera sur ab, qui se trouvera partagée à son tour en trois parties égales, correspondant chacune à une différence de niveau de 1^m, sur la ligne AB; on voit donc que cette construction revient à partager la distance ab en autant de parties égales qu'il y a d'unités dans la différence des deux cotes; les points de division sont les projections des points intermédiaires à cotes entières; d'après cela, si, sur le prolongement de ba, on prend une longueur égale à deux de ces divisions, dans le cas qui nous occupe, le point T sera la projection du point situé à 2^m au-dessus du point A, c'est-à-dire du point coté zéro; en un mot il sera la trace de la droite AB.

20. Ainsi règle générale :

La trace d'une droite n'étant autre chose que le point de cette droite coté zéro, la différence des cotes de ses deux points donnés suffira toujours pour l'obtenir, en donnant d'abord la longueur de projection correspondant à une élévation ou un abaissement d'une unité.

21. POSITIONS PARTICULIÈRES. — Parmi les positions que peut occuper un droite relativement au plan de projection, il en est deux très remarquables : *la droite peut être perpendiculaire au plan de projection, auquel cas sa projection se réduit à sa trace;* ce point peut alors se passer de cote, à moins que la droite ne soit déterminée de longueur; et alors on inscrit à sa trace la cote de ses deux extrémités.

22. *Une droite parallèle au plan de projection, ayant tous ses points également cotés, sera déterminée par sa projection munie d'une seule cote,* qui marquera sa hauteur au-dessus du plan horizontal.

23. Nous regarderons comme démontré :

1° *Que deux droites parallèles ont leurs projections parallèles entre elles;*

2° *Que deux droites perpendiculaires entre elles, ont leurs projections respectivement perpendiculaires, toutes les fois que l'une d'elle est parallèle au plan de projection.*

24. Nous avons vu (n° 6), quelles étaient les conditions nécessaires pour fixer la position d'un plan; nous pourrons donc avancer actuellement qu'un plan *sera déterminé par la projection et la cote de trois de ses points non en ligne droite;* car (n° 18), il sera toujours facile de construire les trois points de l'espace, et nous avons posé en principe (n° 6) que trois points non en ligne droite déterminaient la position d'un plan.

Cependant on préfère habituellement un autre mode de détermination, qui, tout en remplissant les mêmes conditions, est plus avantageux pour les opérations graphiques: il consiste seulement à donner la trace du plan, et quelquefois un point avec sa cote; encore arrive-t-il souvent que ce point même est remplacé par quelque condition suffisante telle que, par exemple, l'inclinaison du plan, ou son parallélisme à un autre, etc....

25. Au surplus, il est aisé de revenir de l'un à l'autre de ces modes de détermination.

Ainsi étant donnés trois points : a, b, c, d'un plan, et leurs cotes respectives : 3, 4, 5, on propose de déterminer la trace de ce plan. (Pl. I, fig. 8).

Il a été dit plus haut (n° 17) que la trace d'un plan contenait les traces de toutes les droites tirées à volonté dans ce plan ; ainsi les traces des droites *ab*, *ac*, et *bc*, se trouveront toutes trois sur la trace du plan *abc* ; or ces droites étant données, puisqu'on a pour chacune deux points, et leurs cotes, on n'a qu'à répéter la construction déjà indiquée (n°ˢ 19 et 20), et on obtiendra les trois points qui doivent se trouver en ligne droite ; cette ligne droite est la trace demandée.

C'est ce qu'on appelle souvent :

Faire passer un plan par trois points donnés.

Nous verrons plus bas comment on modifie ce procédé dans la plupart des cas.

26. La question inverse peut se poser de deux manières, ainsi : *étant donné un plan par sa trace et un de ses points coté*, on peut proposer *de déterminer la cote d'un point dont on donne la projection ;* ou , *la projection d'un point dont on donne la cote.* La solution étant pareille dans les deux cas, nous nous bornerons au premier. (Pl. I , fig. 9 et 10).

Soit : TT' la trace d'un plan sur le plan horizontal, et soit *a* la projection d'un de ses points coté 3^m par exemple, on propose de déterminer la cote du point projeté en *b*.

(Nous prendrons dorénavant, l'étendue illimitée du papier même, pour représenter le plan de projection.)

Imaginons dans le plan donné, par le point projeté en *a*, une droite quelconque, dont la projection prenne par exemple la direction *aa'* ; la trace de cette droite se trouvera (n° 17) en *a'*, à la rencontre de sa projection avec la trace du plan qui la contient, et il sera facile (n° 19) de déterminer sur *aa'* les points correspondants à telle cote que l'on voudra ; car le point *a* ayant la cote 3^m, et le point *a'*, zéro, en partageant *aa'* en trois parties égales, on aura les points intermédiaires cotés 1^m et 2^m, et en prolongeant ces divisions de l'autre côté de *a,* on obtiendra les projections des points cotés 4^m, 5^m, 6^m.

Mais nous avons énoncé (n° 22), qu'une droite parallèle au plan de projection a tous ses points également cotés, ou en retournant la proposition que : *tous les points d'un plan également cotés se trouvent sur une parallèle au plan de projection ou horizontale*; nous ajouterons que *toute horizontale se projette parallèlement à la trace du plan auquel elle appartient ;* donc, si par le point projeté en *b,* nous imaginons une horizontale, nous aurons sa projection en menant par le point *b* une parallèle à TT'; cette droite rencontre la droite projetée en *aa'* en un point dont la projection est évidemment le point *c*; et comme ce point se trouve à moitié de la distance de 5 à 6, il s'en suit que sa cote est 5, 50; donc l'horizontale menée par le point *b* est cotée 5, 50; donc la cote du point projeté en *b* est 5, 50.

27. Bien que cette manière d'opérer soit extrêmement simple, on préfère lui en substituer une autre plus avantageuse dans bien des cas, et fondée sur *la propriété des horizontales d'être toutes parallèles à la trace de leur plan,* et sur les propositions (n°s 10, 12, 15).

En effet, si au lieu de mener par le point *a* une droite quelconque, nous abaissons *a a''* perpendiculaire sur TT' la droite qui dans l'espace joindrait le point projeté en *a* au point *a''* lui-même, sera (n° 10,) perpendiculaire à TT' et à toutes les droites du plan parallèles à TT'; c'est-à-dire (n. 26), à toutes les horizontales de ce plan; mais (n° 15), cette droite *a''* A (Pl. I, fig. 10,) mesure avec sa projection *a a''* (n° 12), l'inclinaison du plan qui la contient sur le plan horizontal; on la nomme, pour cette raison, *la ligne de plus grande pente* du plan; et sa projection *aa''* qui sert alors invariablement, à trouver la cote d'un point quelconque, par le moyen indiqué ci-dessus, se nomme *échelle de pente* du plan; on est dans l'usage, pour l'employer avec avantage , sans brouiller les figures , de la reculer, soit à droite, soit à gauche, en la terminant aux points de division dont on a seulement besoin.

28. Pour fixer les idées sur son emploi, nous allons reprendre le problème (n° 25) : *par trois points donnés faire passer un plan. (Pl. I, fig. 11).*

D'après ce qui vient d'être dit, la question se réduit à trouver la projection d'une horizontale , à élever une perpendiculaire à cette droite et à trouver, sur cette perpendiculaire, le point coté zéro ; les cotes des points a, b, c, étant respectivement 3 , 4 , 5 , on obtiendra la projection d'une horizontale , en déterminant un autre point coté 4 par exemple, et joignant ces deux points ; or, joignons ac , la différence de niveau de ces deux points est 5—3 ou 2 ; donc, le milieu de ac est la projection d'un point coté 4 ; donc bd est la projection d'une horizontale ; donc, la ligne de plus grande pente du plan cherché, se projette suivant une perpendiculaire ef à bd ; maintenant rapportons sur cette perpendiculaire les deux autres points a et c par des parallèles à bd, nous avons les points 3 et 5 qui doivent être à des distances égales du point 4 ; portant cette distance trois fois au-dessous du point 3, nous avons le point T, coté zéro et appartenant à la trace du plan ; il ne reste donc plus qu'à mener, par ce point, une parallèle à bd ou perpendiculaire à Tf, et TT′ est la trace demandée.

29. Nous admettons , et d'ailleurs on peut aisément concevoir, d'après ce qui précède, que : *deux plans parallèles ont leurs traces parallèles.*

30. *Un plan perpendiculaire à une droite, a sa trace perpendiculaire à la projection de la droite.*

31. *Tous plans passant par des droites parallèles , se coupent suivant des droites parallèles aux premières , et parconséquent leurs traces sont parallèles entre elles et aux projections de ces droites ; de plus, si ces droites sont horizontales,*

les traces des plans sont alors parallèles aux droites elles-mêmes.

32. Enfin nous allons démontrer, mais on peut se borner à retenir simplement, que : *lorsque deux plans sont également inclinés, l'angle de leurs traces est divisé en deux parties égales par la projection de leur intersection.* (Pl. I, fig. 12).

Comme il est essentiel pour la démonstration de pouvoir représenter l'inclinaison des plans comme il a été expliqué (n°⁵ 5 et 15), nous donnerons des limites arbitraires aux deux plans que nous considérons et au plan horizontal lui-même, en nous conformant aux notations (n° 2).

Soit donc PQ le plan de projection ; AB, AC les traces, et AM, l'intersection des deux plans MB, MC, que nous supposons également inclinés sur le plan PQ ; prenons à volonté un point D sur l'intersection, et soit d sa projection ; en joignant Ad, nous aurons (n° 12,) la projection de l'intersection AD ; il s'agit donc de prouver que les deux angles dAB, dAC sont égaux. Afin d'avoir des relations entre eux et les inclinaisons que l'on suppose égales, construisons ces inclinaisons : à cet effet du point d, abaissons dE, dF respectivement perpendiculaires aux traces AB, AC ; joignons DE et DF ; ces deux droites (n° 10) sont aussi respectivement perpendiculaires dans leurs plans, aux traces AB et AC ; dont (n° 5) les angles DEd, DFd, mesurant les inclinaisons des plans MB et MC, sur le plan de projection, sont égaux d'après la supposition.

Donc leurs complémens (c'est-à-dire ce qu'il faut leur ajouter pour former un droit) EDd, FDd sont aussi égaux ; il résulte de là que les deux triangles DdE, DdF qui ont un côté commun (Dd) et compris entre deux angles égaux, chacun à chacun (savoir les angles en d égaux comme droits, et EDd = FDd, comme il vient d'être dit) sont égaux ; d'où, dE = dF ; enfin les deux triangles DAE, DAF rectangles, l'un en E et l'autre en F, ont l'hypothénuse AD commune, et un côté égal (dE = dF) donc ils sont égaux ; donc, les angles dAE, dDF sont égaux, ce qu'il fallait démontrer.

33. Cette proprosition est d'une application constante, pour trouver par exemple les intersections des talus dont souvent on ne connaît que les traces et quelquefois même que les projections de deux horizontales, ce qui du reste (n. 26) est équivalent ; il est donc essentiel de s'en pénétrer entièrement.

Ces notions développées sur de nombreux exemples, étant

suffisantes pour préparer à la représentation des ouvrages de la fortification, nous allons passer à la connaissance de certaines surfaces dont nous trouverons également l'emploi dans quelques circonstances. (Pl. I, fig. 13, 14 et 15).

34. Surfaces coniques. — Nous appelerons *surface conique*, la surface formée par une droite qui, passant toujours par un point fixe, se meut le long d'une courbe quelconque; cette droite, dans toutes les positions où elle se trouve ainsi successivement, se nomme *génératrice*, et la courbe le long de laquelle glisse la droite dans son mouvement, se nomme *directrice* de la surface; lorsque la courbe est *fermée*, c'est-à-dire que la génératrice peut revenir à une position qu'elle a déjà occupée, la portion de l'espace bornée par la surface se nomme *cône;* le point fixe en est le *sommet*, et la courbe directrice, *la base*. Nous considérerons en particulier le cône à *base circulaire*, ayant son sommet situé sur la perpendiculaire élevée par le centre de la base sur le plan de cette base; cette perpendiculaire se nomme en particulier *l'axe* du cône, que l'on appelle alors un *cône droit à base circulaire*.

Dans ce cas, on voit clairement que *toutes les génératrices forment le même angle avec l'axe*, ou, ce qui revient au même, *avec le plan de la base;* ce dernier angle n'est autre chose que celui de la génératrice avec le rayon de la base passant par son extrémité (n° 12).

35. Projection. — Comme nous n'emploierons le cône que dans la position particulière où sa base sera sur le plan de projection, il suffira d'ajouter au centre de la base la cote du sommet; on peut encore donner l'inclinaison de la génératrice, ce qui se fait habituellement par le rapport de l'axe au rayon de la base; ainsi inclinaison de $\frac{1}{2}, \frac{1}{4}, \frac{1}{5}$, signifie que le rayon de base est de $\frac{1}{3}, \frac{1}{4}, \frac{1}{5}$, de la hauteur de l'axe; $\frac{1}{1}$ indique que l'axe est égal au rayon de base; ce qui constitue, pour la génératrice, l'inclinaison dite de 45°.

36. PLAN TANGENT EN GÉNÉRAL. — Nous appellerons *plan tangent* à une surface en un point, *un plan qui contient les tangentes menées par le point de contact à toutes les lignes que l'on peut tracer sur la surface, par ce point.*

Nous admettrons en outre que, *la trace du plan tangent est elle-même tangente à la trace de la surface sur un même plan*, que ce soit le plan de projection, ou tout autre plan coupant la surface et son plan tangent.

37. PLAN TANGENT AU CÔNE. — Nous modifierons cette définition pour le cône, en ajoutant que tout plan tangent au cône est tangent suivant toute l'étendue d'une seule génératrice, et conséquemment passe par le sommet; et nous regarderons comme démontré, que l'inclinaison du plan tangent (n° 15) est la même que celle de la génératrice du cône.

D'après cela il sera facile de résoudre le problème suivant, dont l'application se présente fréquemment. (Pl. I, fig. 16).

38. APPLICATION. — *Par une droite donnée, mener un plan ayant sur le plan horizontal une inclinaison donnée,* $\frac{1}{3}$ par exemple.

Imaginons à cet effet qu'un point quelconque de la droite donnée, soit le sommet d'un cône droit dont toutes les génératrices aient l'inclinaison donnée sur le plan horizontal; puis, par la droite donnée, menons un plan tangent à ce cône ; ce plan aura (n° 37) l'inclinaison demandée; il s'agit donc d'avoir la trace de ce plan tangent; mais puisque le plan contient la droite donnée ab, la trace de cette droite est également un point de la trace du plan (n° 17). Nous savons aussi (n° 36) que la trace du plan est tangente à la base du cône; ainsi la question se réduit à mener par un point une tangente à un cercle.

Construisons :

Soient a et b deux points respectivement cotés 6 et 4 de

la droite donnée ; prenons pour plus de simplicité le point
même projeté en *a*, pour sommet du cône ; les génératrices
devant être inclinées à $\frac{1}{3}$, cela veut dire que le rayon de
base sera $\frac{1}{3}$ de la hauteur, ou $\frac{1}{3}$ de 6^m, ou 2^m. Ainsi du
point *a* avec un rayon de 2^m, décrivons une circonférence,
nous aurons la base, ou la *trace* de la surface conique ; nous
obtenons maintenant la trace de la droite (n°s 19 et 20) en
portant en avant de *b* et à sa droite, une longueur $= 2\,a\,b$;
maintenant par le point *c* nous pouvons mener deux tangentes, CD, CE, au cercle de base, et ces deux tangentes
sont les traces de deux plans qui remplissent la condition
demandée.

39. Surfaces cylindriques. — *Nous appellerons surface
cylindrique, une surface produite par une droite glissant le
long d'une courbe quelconque, en restant toujours parallèle à
elle-même.* (Pl. I, fig. 17).

Comme nous n'emploierons cette surface que sous ce
point de vue général, nous nous abstiendrons de parler de
ses variétés ; nous remarquerons seulement que de même
que dans les surfaces coniques avec lesquelles elle a beaucoup de rapport, on appelle *génératrice*, la droite dont le
mouvement produit ou engendre la surface ; et *directrice*,
la courbe qui sert de base au mouvement.

Plan tangent. — La définition et les propriétés du plan
tangent sont absolument semblables à celles énoncées ci-
dessus (n°s 36 et 37), sauf la dernière qui est particulière
au cône droit à base circulaire. Aussi, l'emploi que nous
ferons des surfaces cylindriques ne sera-t-il pas le même
que celui que nous avons fait de la surface précédente.

40. Surface gauche. — Nous appellerons *surface gauche*,
ou plus particulièrement *plan gauche*, une surface produite
par le mouvement d'une droite, qui, sans cesser d'être
parallèle à un plan fixe, glisse le long de deux droites fixes
non situées dans un même plan : il en résulte que deux

positions de la droite considérées aussi voisines que l'on voudra, ne sont pas dans un même plan. Cette droite se nomme *génératrice ;* les deux droites fixes, *directrices ;* et le plan parallèle aux positions successives de la génératrice, *plan directeur.* (Pl. I, fig. 18).

Une mince planche exposée long-tems au soleil, un carton placé à l'humidité, peuvent donner une idée de cette surface et justifier sa dénomination ; on dit alors vulgairement que ces objets ont *tourné* ou *gauchi.*

41. De ce que deux positions successives de la génératrice ne sont pas dans un même plan, on conclut un second mode de *génération* de la surface gauche, qui consiste à prendre pour *directrice* deux génératrices quelconques du premier mode, et pour *génératrices*, au contraire, les directrices de ce même mode, assujetties alors à glisser sur les deux nouvelles directrices ; de cette manière, toute droite de la surface pourra être considérée indifféremment comme directrice ou comme génératrice ; et par un point quelconque on pourra toujours mener deux droites qui seront respectivement des génératrices du premier et du second mode.

42. PLAN TANGENT. — Le plan déterminé par ces deux droites constitue le *plan tangent* à la surface gauche.

Toutefois, nous n'emploierons pas sous cette forme cette propriété remarquable du plan tangent, de contenir toujours une génératrice de chaque mode ; mais nous rappelerons celle énoncée plus haut (n° 36) pour toutes les surfaces en général, qu'un plan tangent à une surface en un point contient les tangentes à toutes les courbes tracées sur la surface, par ce point ; du reste, on peut aisément concevoir la relation qui existe entre ces deux énoncés, dans la surface qui nous occupe.

43. DU TERRAIN CONSIDÉRÉ COMME SURFACE. — Nous avons dit que dans la fortification passagère, on regardait habituellement la surface du terrain comme un plan horizontal. En effet, on peut souvent négliger les petites irrégularités qui empêchent le sol d'être considéré comme parfaitement plane; dans ce cas, le papier lui-même est supposé représenter la portion de terrain sur laquelle on opère; mais lorsque ces irrégularités devenant plus sensibles, finissent par former des collines, des vallées et des montagnes, il devient important de représenter ces diverses modifications, que l'on comprend sous la dénomination générale de *mouvemens de terrain*. (Pl. II , fig. 1 et 2).

A cet effet, après avoir préalablement fixé la position du *plan horizontal de repère* (n° 1), de manière qu'il se trouve à une certaine distance au-dessous du point le plus bas que l'on considère, on imagine une suite de plans horizontaux également distants les uns des autres, et déterminant, par leur intersection avec la surface du terrain, une suite de courbes que l'on nomme pour cette raison : *sections horizontales équidistantes*. On rapproche suffisamment ces sections, de manière que la bande de terrain bornée entre deux plans consécutifs, puisse être sensiblement considérée comme ayant une pente uniforme; on choisit ensuite arbitrairement la cote de la courbe inférieure ou supérieure, et on peut dès lors se dispenser d'en mettre à toutes les autres. Ainsi, le papier représentant le plan de repère ou de projection, on aura la projection d'un terrain quelconque par le tracé de courbes concentriques plus ou moins régulières, plus ou moins rapprochées, et la cote de l'une de ces sections.

44. PLAN TANGENT. — Il peut être quelquefois nécessaire (*voyez première partie, chapitre 2*) de mener dans certaines conditions un plan tangent au terrain; et au premier abord, l'irrégularité même de la surface semble opposer un obstacle insurmontable; cependant pour éluder cette difficulté, on imagine le terrain enveloppé par une des surfaces géométriques auxquelles on sait mener un plan tangent ; en mène ensuite, dans les conditions imposées, un plan tangent à cette surface auxiliaire, et ce plan est le plan cherché. (*Voyez, pour la démonstration, la note à la fin de l'introduction*).

Nous allons examiner successivement deux cas particuliers de cette importante question.

45. Premier cas. — (Pl. II, fig. 3). Soit donc une suite de courbes concentriques représentant un mouvement de terrain, et respectivement cotées 9, 10, 11, 12, 13..., etc., et soit *ab* une droite horizontale par laquelle on propose de mener un plan tangent à ce terrain.

Cette droite, comme horizontale, peut-être considérée comme tangente à la section que l'on obtiendrait en menant par cette droite un plan horizontal coupant le terrain ; or imaginons cette droite se mouvant parallèlement à elle-même, sans cesser d'être tangente aux sections horizontales du terrain dans le plan desquelles elle passe successivement; elle engendre ainsi une surface cylindrique qui enveloppe tangentiellement le terrain ; pour avoir la projection de cette surface cylindrique, il suffit de mener parallèlement à *ab* des tangentes aux différentes courbes 10, 11, 12, 13, etc.. ; puis joignant par une courbe aussi régulière que possible, les points de tangence, on a la projection de la *directrice* de la surface cylindrique, ou autrement dit *la courbe de contact* de cette surface avec le terrain. Le plan tangent à cette surface est le plan tangent demandé; nous avons déjà sa trace *ab*, il ne nous reste plus qu'à déterminer son point de tangence qui se trouve évidemment sur la courbe de contact 10, 11, 12, 13, etc.....

Dans ce but, nous emploierons un plan *auxiliaire vertical*, (c'est-à-dire perpendiculaire au plan horizontal) et perpendiculaire en même tems à la droite *ab*, trace horizontale du plan tangent. D'après un principe général exposé plus haut (n° 36), la trace du plan tangent sur ce plan auxiliaire est tangente à la trace sur le même plan de la surface cylindrique; ce point de tangence n'est autre chose que la projection sur ce plan auxiliaire du véritable point de tangence situé sur la courbe de contact. Pour faire ressortir, et en même tems pour utiliser ce qui se passe dans ce plan, imaginons qu'on le fasse tourner autour de sa trace *ac*, comme charnière, jusqu'à ce qu'il se rabatte sur le plan horizontal lui-même; le point *a* de ce plan étant situé à la cote 10, viendra se *rabattre* sur le prolongement de *ba* (perpendiculaire à *ac*), à une distance du point *a* égale à 10^m; le point *d* se rabattra à une distance $dd' = 11^m$; le point *e* à 12^m de lui-même, etc...... Joignons ces points, nous avons le rabattement de la trace de la surface cylindrique sur le plan auxiliaire; actuellement menant par le point **A** une tangente à cette courbe, nous avons le rabattement de la trace du plan tangent sur le plan vertical auxiliaire, et le point de tangence **T** est le rabattement du point cherché.

Actuellement, faisons de nouveau tourner le plan rabattu autour de la même droite *ac* comme charnière, pour le ramener à sa première position, ce qui s'appelle le *relever*. Dans ce mouvement, le point **T** de la directrice de la surface cylindrique, ne cessera pas de se trouver sur la perpendiculaire abaissée de ce point sur *ac*; il se projette donc au point *t* intersection de cette perpendiculaire avec la courbe de contact.

Bien que ce raisonnement ne s'appuie que sur des principes connus, néanmoins il demande la plus grande attention pour bien saisir l'enchaînement de ses diverses parties, et parce qu'il rappelle pour ainsi dire tout ce qui a été démontré jusqu'ici.

Nous avons supposé ici que la droite donnée était parallèle au plan horizontal; nous allons maintenant supposer le contraire.

46. Deuxième cas. — (Pl. II, fig. 4). En menant,

comme précédemment, des tangentes aux sections horizontales, on reconnaît de suite l'impossibilité de les mener
parallèlement à la droite donnée ; mais on remarque que
toutes ces droites sont parallèles au plan horizontal, et de
plus on conçoit la possibilité de trouver sur ces droites
des points également distants horizontalement comme ils le
sont déjà verticalement (n° 43).

Alors on aurait ainsi une véritable surface gauche (n° 39)
enveloppant le terrain, et à laquelle il serait possible de
mener un plan tangent.

D'après ces données, qui cependant ne sont encore que
des suppositions, nous allons arriver à quelque chose de
positif. Soit donc, comme précédemment, une suite de
courbes représentant le terrain, et ab la droite donnée
entre les courbes 9 et 10 par exemple. Prolongeons cette
droite jusqu'à sa rencontre avec les plans des sections horizontales ; ces plans étant équidistans, les points de rencontre
de ab avec eux seront aussi également distans les uns des
autres. Ainsi prenant à partir du point b, des longueurs bc,
cd, de, ef, etc.... égales à ab, nous aurons les points où
cette droite perce les plans des sections horizontales 11,
12, 13, 14, etc... Par ces points, menons des tangentes aux
sections correspondantes, ce seront autant de génératrices
d'une véritable surface gauche qui enveloppe le terrain.
La question est donc réduite à mener par la droite ab un
plan tangent à cette surface ; or (n° 40), la droite ab peut
être considérée comme une génératrice du second mode,
et d'après la définition (n° 41), il suffit, pour déterminer le
plan tangent, de trouver parmi toutes les génératrices du
premier mode cc', dd', ee', ff'... celle qui est contenue dans
le plan. Or, je dis que cette génératrice est celle qui fait,
avec la droite ab, le plus petit angle.

Soit par exemple ff', la génératrice qui fait avec ab le plus
petit angle, et qui parconséquent rencontre à droite de ab,

toutes les génératrices inférieures, ee', dd', etc., et à gauche de ab, toutes les génératrices supérieures, gg', hh', etc. (*Bien entendu qu'il n'est question ici que des rencontres des projections.*)

Je dis que la droite ff' est la droite cherchée. En effet, le point F' de rencontre de la génératrice ff' avec la génératrice ee' par exemple, passant par le point e plus bas que f, est la projection d'un point de chacune de ces droites; donc, le point de la droite ee', projeté en F', est plus bas que le point de la droite ff' projeté aussi en F'; donc le plan passant par la droite ff' laissera au-dessous de lui la génératrice ee', et par suite le point où cette génératrice touche le terrain. D'après le même raisonnement, il en serait de même des points situés sur les génératrices dd', cc',... etc. Prolongeons également les génératrices ff', gg', jusqu'à leur rencontre en F'' (*c'est toujours des projections que nous entendons parler, pour abréger autant que possible*), ce point de rencontre ne pourra être situé qu'à gauche de ab; il est également la projection de deux points situés, l'un sur gg', l'autre sur ff', mais moins élevé sur cette dernière droite que sur la première; donc, à gauche de ab, le plan passant par la génératice ff' laissera au-dessus de lui celui qui passerait par la génératrice gg'; mais ces plans se coupant suivant ab, il est clair que celui qui est au-dessus à gauche de ab, sera au-dessous de l'autre côté : donc, à droite de ab, le plan passant par ff' laissera au-dessous de lui la génératrice gg', et parconséquent le point du terrain situé sur cette génératrice; donc le plan passant par ab et ff', laissant au-dessous de lui tous les autres points du terrain dans la partie que l'on considère, est le plan tangent cherché, et le point de contact est le point F, où la génératrice ff' est tangente à la section correspondante.

47. PROFIL. — Bien que le système de projection, exposé plus haut (n. 18 *et suivans*), suffise généralement pour déterminer l'ensemble ou les détails d'un tracé quelconque, cependant on est dans l'usage d'en compléter la description par une autre espèce de projection, qui consiste à couper l'ouvrage que l'on veut définir, par un plan vertical perpendiculaire à sa direction, c'est-à-dire suivant sa hauteur et son épaisseur, et à reculer ce plan hors du tracé, pour rendre apparente la surface qui en résulte ; cette surface se nomme *profil*, ou quelquefois *coupe verticale*. On appelle également *profil*, le contour de cette surface ; ce profil n'est autre chose qu'une véritable projection, et a l'avantage de faire connaître les dimensions verticales de l'ouvrage, de même que la première projection en fait connaître les dimensions horizontales.

48. DES ÉCHELLES EN GÉNÉRAL. — Nous terminerons cette introduction par expliquer comment on parvient à donner aux images toujours extrêmement réduites d'un objet quelconque, les mêmes proportions exactement que celles de l'objet lui-même, par la détermination et la construction des *échelles de réduction*.

On appelle en général échelle, le rapport de l'unité de longueur naturelle, avec la longueur que l'on prend pour unité graphique. Il y a donc un nombre infini d'échelles ; elles empruntent leur nom du rapport de l'unité graphique à l'unité linéaire naturelle ; ainsi, si la dimension réelle est mille fois plus grande que la dimension graphique correspondante, l'échelle est dite *au millième* et on écrit $\frac{1}{1000}$; on dit aussi, dans ce cas, que l'échelle est d'un millimètre pour mètre, c'est-à-dire qu'une longueur naturelle d'un mètre est représentée par une longueur d'un millimètre sur le papier. En général, le dénominateur indique combien de fois il faut répéter une dimension graphique quelconque pour revenir à la dimension naturelle correspondante.

49. Nous allons indiquer successivement la construction de quelques unes des échelles les plus usitées, particulièrement celles que nous emploierons plus fréquemment : ce sont les échelles de $\frac{1}{50}$, $\frac{1}{125}$, $\frac{1}{400}$, $\frac{1}{800}$, $\frac{1}{1000}$, $\frac{1}{2000}$, $\frac{1}{2500}$, $\frac{1}{4000}$, …. etc. (Pl. III).

50. ECHELLE $\frac{1}{50}$ — L'échelle $\frac{1}{50}$ ne s'emploie que pour les détails qu'il est essentiel de représenter un peu largement, pour pouvoir en saisir toutes les parties, soit à cause de leur petitesse, soit à cause d'une construction compliquée. La question se réduit à savoir quelle sera l'unité graphique correspondante à l'unité naturelle qui est le mètre.

Or, en appelant l cette unité, et L l'unité naturelle, nous aurons d'après la définition (n° 48),

$$l = \frac{L}{50} = \frac{1^{m}}{50} = \frac{100^{c}}{50} = 0^{m}, 02 \text{ ou } 2^{c},$$

on pourrait donc, pour construire l'échelle, tirer une droite indéfinie, sur laquelle on porterait bout à bout des longueurs de 2 centimètres ; mais l'ouverture de compas pouvant varier entre les opérations, on préfère d'abord déterminer la longueur totale, représentant la plus grande dimension des détails, et pour plus de commodité, on prend habituellement un multiple de 10 ; d'après cela, on aura $10\,l = 10$ fois 2 centimètres ou 20 centimètres ; on portera donc sur une droite, une longueur de 20 centimètres, et on la divisera en 10 parties égales, par le moyen indiqué en géométrie.

51. A cet effet, à l'une des extrémités de la droite, on tire une autre ligne indéfinie, faisant, avec la première, un angle quelconque (généralement plus grand que 45°) ; sur cette droite et à partir de son point de rencontre avec celle que l'on veut diviser, on porte le plus exactement possible dix parties égales, plus grandes à vue d'œil que le dixième de la droite à diviser ; on joint le dernier point de division avec l'autre extrémité de la droite, puis, par les autres points, on mène des parallèles à cette ligne de jonction ; ces parallèles divisent la droite donnée, en dix parties égales.

Comme un point est d'autant mieux déterminé, que l'angle des droites dont il est l'intersection est moins aigu, il importe de choisir les divisions auxiliaires de telle façon, que la droite de jonction et ses parallèles soient dans une position à peu près perpendiculaire, relativement à la droite donnée.

52. Comme il importe, dans la description des détails, de pouvoir mesurer également les fractions du mètre, on est dans l'usage de prolonger l'échelle d'une longueur égale à un mètre (unité graphique); puis on divise aussi cette longueur en dix parties égales, ce qui peut se faire, dans le cas qui nous occupe, de la même manière que précédemment.

53. ECHELLE $\frac{1}{125}$. — L'échelle $\frac{1}{125}$ s'emploie également pour des détails, mais dont l'étendue est généralement plus grande; de sorte qu'à l'échelle $\frac{1}{50}$ ils occuperaient trop de place. D'après ce qui a été dit précédemment (50), nous aurons :

$$l = \frac{L}{125} = \frac{1^m}{125} = \frac{100^c}{125} = 0^m, 008 \text{ ou } 8^{mm}$$

de même, nous aurons $10\,l = 0^m, 08^c$, et si, par exemple, la plus grande dimension à mesurer est de 20^m, on a $20^m = 0^m,16$ ou 16^c; on prend donc une longueur de 16 centimètres, que l'on divise en 20 parties égales, comme il a été indiqué (51), puis on achève l'échelle comme plus haut (52).

54. ECHELLE $\frac{1}{400}$. — L'échelle $\frac{1}{400}$ qui s'emploie souvent pour les ouvrages de quelque importance qui offrent des détails délicats, donne (50) :

$$l = \frac{L}{400} = \frac{1^m}{400} = \frac{1000^{mm}}{400} = \frac{5^{mm}}{2.}$$

On obtient ensuite $10\,l = \frac{50^{mm}}{2} = 0^m, 025$; $100\,l = 0^m, 25$, ou $50\,l$ qui suffisent habituellement $= 0^m, 125^{mm}$; on prend donc une longueur égale à 125 millimètres, et on la divise en 50 parties égales, représentant chacune 1^m par $2^{mm} \frac{1}{2}$. Mais comme il serait difficile d'achever de la manière indiquée (52), et que d'ailleurs, de si petites divisions commencent, à cette échelle, à ne pas être tout-à-fait aussi importantes, on se borne à diviser l'unité excédante en 5 parties égales, ce qui peut se faire encore, comme il a été prescrit (51); chacune

de ces parties représente alors 2 décimètres ou 20 centimètres.

55. Echelle $\frac{1}{800}$. — Cette échelle, ainsi que les suivantes, commence déjà à négliger les détails, pour s'occuper particulièrement du tracé des ouvrages et de leurs
principales dimensions ; cependant, comme il est certains
cas où l'on est dans la nécessité de représenter les susdivi-
sions du mètre, qui sont ici dix fois plus petites encore que
dans la précédente, on construit l'échelle d'une manière
particulière, dont nous allons donner ici un exemple.

Nous avons d'abord :

$$l = \frac{L}{800} = \frac{1^m}{800} = \frac{1000^{mm}}{800} = \frac{10^{mm}}{8} ;$$

ensuite,

$$10\ l = \frac{100^{mm}}{8} ; \quad 100\ l = \frac{1000^{mm}}{0} = 0^m, 125 \text{ ou } 125^{mm}.$$

Alors pour éviter la confusion, après avoir porté sur une
droite une longueur de $0^m, 125$, on divise cette longueur
seulement en dix parties représentant chacune 10^m, et on
prolonge cette droite d'une pareille partie que l'on divise de
même en dix parties égales représentant chacune 1^m.

Construction des sous-multiples. — Actuellement, si on
veut avoir des décimètres, aux deux extrémités de la droite
qui représente 100^m, on mène en dessous deux perpendiculaires ac et bf à cette droite que nous représenterons par
ab ; on porte sur chacune d'elles, à partir du point a et du
point b, dix parties égales, et on tire cf que l'on prolonge à
gauche du point c ; puis on joint le point c au point d à 1^m à
gauche de a ; on mène alors, par les points de division représentant les mètres, des parallèles à dc jusqu'à leur rencontre avec fc, sur laquelle elles interceptent des parties
égales ; on joint les points de division des deux perpendiculaires ac, bf, et on arrête les droites résultantes, qui sont

toutes parallèles à *ab*, à leur rencontre avec *eg* ; alors, les portions de ces parallèles interceptées entre les deux droites *ac* et
cd, sont respectivement égales à $\frac{1}{10}$, $\frac{2}{10}$, $\frac{3}{10}$, etc., etc. de mètre,
puisque l'écartement de ces deux droites augmente progressivement du point *c* où il est nul, jusqu'aux points *a* et *d* où
il est égal à 1^m ; enfin, pour terminer l'échelle, par les points
10, 20, 30, etc., on mène des parallèles à *ac* ou *cf*. Pour faire
comprendre la manière de se servir de cette échelle, supposons qu'on veuille mesurer, par exemple, graphiquement,
(c'est-à-dire sur le papier), une longueur de 34^m, 60 ; ayant
ouvert le compas, nous en appliquerons une pointe sur la
ligne n° 7, à compter d'en bas où sont marqués 0^m, 6, entre
ca et *cd*, et de manière qu'elle porte sur la parallèle à *cd* passant par le point 4 ; puis nous ouvrirons le compas jusqu'à
ce que l'autre pointe s'appuyant sur la même droite 7, vienne
rencontrer la perpendiculaire passant par le point 30^m ; ainsi
nous aurons à droite de *ca* 30^m, puis à gauche de *cd*, 4^m, et
enfin entre les deux, 0^m, 60 ; total, 34^m, 60.

Les autres échelles pouvant toujours se construire comme
une des précédentes, nous nous abstiendrons d'entrer dans
de plus grands détails à cet égard.

$$\text{———}$$

NOTE Ire

*Relative au plan tangent à une surface enveloppe et à la
surface enveloppée* (page 18).

56. Pour ne pas entraver une démonstration déjà délicate par elle-
même, nous avons admis (44) que si l'on imagine le terrain ou en général *une surface quelconque*, enveloppée par une surface ayant pour
génératrice une ligne *ab*, le plan tangent à la surface enveloppe, sera
tangent à la surface enveloppée ; or, c'est ce qu'il est facile de démontrer
d'après la définition (36).

En effet, le plan tangent à la surface enveloppe, est tangent suivant
toute l'étendue d'une génératrice ; donc, en chaque point de cette géné-

ratrice, il contient les tangentes à toutes les courbes tracées par ce point
sur la surface, et en particulier la tangente à la directrice de la surface
ou courbe de contact (45), au point de rencontre de cette courbe avec la
génératrice de contact; mais cette courbe est elle-même une courbe du
terrain (45); donc, en ce point, le plan tangent à la surface contient déjà
une tangente à une courbe du terrain; mais (45 et 46), les génératrices de
la surface enveloppe sont elles-mêmes des tangentes aux sections horizontales du terrain. Or, la génératrice de contact du plan tangent à la surface enveloppe avec cette surface, est elle-même tangente à la section
horizontale passant par le point ci-dessus; donc, en ce point, le plan tangent à la surface enveloppe, contient une tangente à une seconde courbe
du terrain, et comme deux droites suffisent pour déterminer un plan, il
s'en suit que le plan de ces deux droites est tangent au terrain; et comme
ce plan n'est autre chose que le plan tangent à la surface enveloppe, il
devient clair que le plan tangent à la surface enveloppe est véritablement
tangent à la surface du terrain, ce qu'il fallait prouver.

NOTE II.

Pour rendre plus faciles à suivre certains calculs qui se rencontrent dans
le cours de l'ouvrage, nous croyons utile de donner ici une idée succincte
de la manière dont on opère habituellement.

Commençons par expliquer la différence qu'il y a entre deux mots dont
l'emploi se retrouve fréquemment. On appelle *égalité*, une relation qui
lie deux quantités ou deux sommes, composées de telle manière que leur
valeur est absolument la même; ainsi, pour indiquer que $6+8$ donne une
somme pareille à celle de $11+3$, on écrit l'égalité :

$$6 + 8 = 11 + 3$$

Les deux sommes $6+8$ et $11+3$, se nomment les *membres* de l'égalité;
$6+8$ est le premier, et $11+3$ le second; en outre, les quantités isolées
6 et 8, 11 et 3, se nomment les *termes* de l'égalité ou de ses deux membres.

Une égalité peut donc être considérée en quelque sorte comme une
phrase numérique, toujours composée de deux membres où le signe $=$
remplit le rôle du verbe, et formée par un nombre plus ou moins considérable de termes.

On appelle *équation*, une relation ou une phrase entièrement semblable, où il se trouve un ou plusieurs termes inconnus, dont cette relation
sert à trouver la valeur; ces termes inconnus sont habituellement désignés
par une des dernières lettres de l'alphabet, x, y et z; lorsqu'il n'y en a
qu'un seul, on le désigne habituellement par x.

Ainsi la relation

$$x + 16 = 3x + 10$$

se nomme une équation ; $x+16$ et $3x+10$ en sont les membres, x, 16, $3x$ et 10 en sont les termes, et elle a pour objet de déterminer la valeur du terme inconnu x.

Ce qui embarrasse le plus les commençants, lorsqu'il s'agit dè *traiter* ou de *résoudre* une équation (c'est-à-dire de trouver la valeur du terme inconnu), ce sont les transformations qu'on leur fait subir pour en tirer de nouvelles relations, et par suite, un résultat qu'il était difficile d'apercevoir au premier coup-d'œil.

Le mécanisme extrêmement simple de ces sortes de mutations, repose sur un petit nombre de règles que l'on s'accorde à regarder comme évidentes.

En voici les énoncés :

Lorsque deux quantités sont égales, si on ajoute à chacune d'elles une même quantité, les deux sommes sont encore égales.

Il en est de même, si au lieu d'ajouter une même quantité aux deux premières, on la retranche de chacune d'elles.

L'égalité subsiste encore, si on multiplie ou si on divise les deux quantités égales, par un même nombre.

La seule chose qui peut quelquefois tromper, consiste dans la manière dont on opère *ces mutations*. Ainsi, pour prendre un exemple, soit l'égalité :

$$(1) \qquad 3 + 7 = 14 - 4.$$

On comprend aisément que si on ajoute 4 par exemple, aux deux membres de cette égalité, elle n'en existera pas moins, et qu'on pourra écrire :

$$(2) \qquad 3 + 7 + 4 = 14 - 4 + 4.$$

Mais dans le second membre que lisons-nous ? 14 dont il faut retrancher 4, pour y ajouter ensuite le même nombre 4 ; évidemment ces deux opérations se compensent ; on peut donc les supprimer et écrire plus simplement :

$$(3) \qquad 3 + 7 + 4 = 14$$

sans qu'il cesse d'y avoir égalité. De là, une première règle : c'est que *lorsqu'on a en même temps à augmenter et à diminuer une quantité d'une même valeur, cette quantité n'a aucun changement à subir ;* ce qui s'exprime en disant que, *plus et moins se détruisent,* ou en d'autres termes, que *lorsqu'on a dans une somme la même valeur répétée une fois, ou un même nombre de fois avec le signe + et avec le signe —, on peut la supprimer.*

Maintenant comparons les deux égalités (1) et (3) en les mettant en regard :

$$3 + 7 = 14 - 4$$

et

$$3 + 7 + 4 = 14$$

Nous remarquerons que le chiffre 4, qui se trouvait dans la première au second membre avec le signe —, ne s'y trouve plus dans la deuxième, et qu'au contraire, il se trouve au premier membre de celle-ci avec le signe contraire +; et comme cependant, d'après ce que nous avons dit plus haut, l'égalité n'est pas moins palpable dans le second cas que dans le premier, on en déduit cette règle remarquable appelée règle de *transposition* :

Une égalité ne cesse pas d'exister entre deux sommes, si, après avoir effacé un terme dans l'un des membres, on le replace dans l'autre avec le signe contraire.

Ainsi ayant l'égalité :

$$3 + 7 = 14 - 4$$

on pourra écrire indifféremment :

$$3 + 7 + 4 = 14$$
$$3 = 14 - 4 - 7$$

Autre observation plus simple encore et non moins utile. Que signifie $14 - 4 - 7$? cela veut dire qu'il faut retrancher d'abord 4 de 14, et du reste, retrancher encore 7 ; or cela revient à retrancher de 14 la somme $4 + 7$; on pourra donc encore écrire :

$$3 = 14 - (4 + 7)$$

La parenthèse indiquant que 4 et 7 doivent être ajoutés, pour la somme être retranchée de 14.

Un raisonnement analogue ferait aisément comprendre que si dans l'égalité

$$6 \cdot 8 = 16 \cdot 3$$

on voulait diviser les deux membres par 8, au lieu d'écrire

$$\frac{6 \cdot 8}{8} = \frac{16 \cdot 3}{8}$$

on pourrait mettre plus simplement,

$$6 = \frac{16 \cdot 3}{8}$$

car $\frac{6 \cdot 8}{8}$ indique, qu'après avoir multiplié 6 par 8, il faudrait diviser le résultat par 8 ; et comme en définitive on reviendrait au quotient 6, il est plus naturel de biffer tout simplement le 8 dans le premier membre, en l'écrivant en diviseur dans le deuxième.

Ajoutons, pour compléter ces renseignemens, que pour multiplier ou diviser les deux membres d'une égalité ou équation par un même nombre, il faut multiplier tous les termes de cette équation par ce nombre. Ainsi étant donnée l'égalité

$$6 + 8 = 16 - 2$$

Si on veut multiplier les deux membres de l'égalité par 4, on devra écrire :

$$6.4 + 8.4 = 16.4 + 2.4$$

ou ce qui revient au même :

$$6 + 8)\, 4 = (16 + 2)\, 4$$

Dans l'équation

$$x.h + \frac{x.h}{10} = s$$

Si on veut multiplier les deux membres par 10, on aura, d'après les deux règles précédentes :

$$10.x.h + x.h = 10.s$$

Simplifiant ensuite, on obtiendra :

$$11.x.h = 10\,s$$

puis

$$x.h = \frac{10\,s}{11}$$

et enfin

$$x = \frac{10\,s}{11.h}$$

On retrouvera plus loin cette solution, qui n'est autre chose que celle du problème du déblai au remblai.

FIN DE L'INTRODUCTION.

PREMIÈRE PARTIE.

—

NOTIONS THÉORIQUES.

====

CHAPITRE Iᵉʳ.

—

Ouvrages en Rase Campagne.

57. *La fortification*, en général, *a pour but de protéger une troupe quelconque, contre les attaques d'une troupe plus forte.* Il existe donc des *fortifications naturelles*, car un *fleuve large et rapide*, un *marais impraticable*, une *épaisse forêt*, couvrent naturellement le faible et le garantissent des atteintes de ses ennemis; mais en le mettant à l'abri des attaques directes, cette fortification naturelle lui enlève tout moyen de nuire par lui-même, souvent même de se défendre contre les projectiles; c'est pour remédier à ce double inconvénient, que l'on a imaginé la *fortification artificielle*, généralement composée d'un obstacle à franchir ou *fossé*, et d'une *masse couvrante* formée des terres retirées de ce fossé. Par extension, on a ensuite donné le nom de fortification à la science qui traite de tout ce qui est relatif aux ouvrages, non seulement quant à leur tracé, leurs dimensions, leur construction, etc., mais encore quant à l'attaque et à la défense.

Cette science se divise en deux grandes parties: la *fortification passagère ou de campagne*, ainsi appelée parce que les ouvrages en terre qu'elle montre à construire, sont pour ainsi dire passagers comme les armées qui les élèvent; et la *fortification permanente*, qui tire son nom des travaux plus durables qu'elle exécute pour protéger, d'une manière efficace, les places de guerre, ou d'importantes positions. Cette dernière étant spécialement dans les attributions du génie militaire, nous ne nous occuperons que de la première.

58. Nous avons représenté plus haut l'inconvénient ordinaire des fortifications naturelles, et nous avons dit que la fortification artificielle, pour remédier à cet inconvénient, devait se composer en général d'un obstacle à franchir ou fossé, ayant pour but d'éloigner les attaques directes; et d'une masse couvrante destinée à protéger l'assiégé contre les projectiles de l'assaillant, tout en laissant à celui-là le libre usage de ses armes. Ainsi, la forme de cette masse couvrante ne saurait être indifférente, puisque non seulement elle doit être en état de résister à la force des projectiles, mais encore permettre aux défenseurs de riposter avec avantage; nous laisserons donc de côté, pour un instant, les figures variables des divers ouvrages, pour ne nous occuper que de leurs dimensions constantes.

A cet effet, nous imaginerons un plan vertical coupant toute la fortification perpendiculairement à sa direction (n°47), et y déterminant une surface que l'on nomme *son profil;* la trace horizontale de ce plan représentera le plan horizontal lui-même, et c'est sur cette trace ou sur ses parallèles que nous mesurerons toutes les dimensions horizontales de l'ouvrage.

59. Avant de commencer, il est bon d'observer que nous emploierons fréquemment l'un pour l'autre, afin d'éviter de nombreuses répétitions, les mots: *retranchement, masse couvrante et parapet*, bien qu'ils ne soient pas parfaitement synonymes; ainsi *retranchement* s'emploie plus généralement pour désigner un ouvrage tout entier d'une figure déterminée; *masse couvrante*, veut dire un obstacle quelconque destiné à masquer ou à couvrir une troupe; enfin le mot *parapet*, s'applique plus particulièrement à une masse couvrante de forme régulière et disposée pour faciliter la défense du retranchement.

60. LIGNE DE FEU. — Nous nous occuperons d'abord de la masse couvrante; la forme du fossé s'en déduira naturellement.

Comme il peut se faire que les défenseurs soient aussi bien exposés aux feux de la cavalerie, qu'à ceux de l'infanterie, il a fallu donner au retranchement une hauteur suffisante pour les protéger contre tous les deux ; or, en supposant le tir horizontal, ce qui est le tir ordinaire, le cavalier ne peut tirer à plus de 2^m de hauteur; donc, en donnant au parapet une élévation de 2^m, 50 au-dessus du sol, ceux qui doivent le défendre seront à couvert et auront même les mouvemens libres à une certaine distance en arrière. (Pl. IV).

Ainsi soit le point a, en arrière duquel veulent s'établir les assiégés, en opposant l'obstacle en avant aux assaillans. Au point a élevons une perpendiculaire à la droite indéfinie TT′ trace du profil, et prenons $aA = 2^m$ 50, nous aurons la plus grande hauteur du parapet. Cette hauteur, ou plutôt l'horizontale située à cette élévation sur toute l'étendue du retranchement, se nomme la *ligne de feu*.

61. ÉPAISSEUR DU PARAPET. — Actuellement en avant du point a, portons sur TT′ une longueur égale à l'épaisseur que nous nous proposons de donner au parapet; soit, par exemple, $ab = 3^m$; en ce point élevons une verticale bB; tout l'intervalle compris entre les deux verticales aA, bB, représentera la masse de terre composant le parapet proprement dit. Mais de quelle manière se terminera la partie supérieure? Sera-t-elle horizontale comme ab? mais alors les coups de feu partis du point A ne pourront avoir qu'une direction perpendiculaire; ils ne balaieront donc les abords du fossé qu'à une grande distance, et l'ennemi une fois hors du terrain dangereux, pourra s'arrêter en toute sûreté sur un terrain d'environ une centaine de mètres, abrité par le parapet lui-même; et là, reformer ses rangs, combler le fossé et aborder le retranchement par tous les points à la fois. Il est donc nécessaire d'incliner suffisamment le bord supérieur du parapet, pour découvrir par son prolongement les approches du fossé. Mais d'un autre côté, si l'on donnait à cette pente une trop forte inclinaison, l'angle A devenant de plus en plus aigu à mesure que cette inclinaison augmente, la portion du parapet qu'il représente, serait sujette à être facilement dégradée par les projectiles ennemis; pour obvier à ce double inconvénient, on a fixé les limites de cette inclinaison de $\frac{1}{5}$ à $\frac{1}{10}$; entre ces deux limites, la plus usitée, et celle que pour cette raison nous emploierons, est celle de $\frac{1}{6}$, c'est-à-dire dont la hauteur est $\frac{1}{6}$ de la base. Pour plus d'exactitude, on mesure habituellement la base sur **TT′**, en prenant, à partir du point a, une longueur $a\mathrm{B}' = 6$ fois $a\mathrm{A}$ ou 15^{m}; puis on joint AB' que l'on arrête entre les deux verticales $a\mathrm{A}$ et $b\mathrm{B}$; mais on reconnaît en même tems que ce résultat se trouve répété dans cet intervalle même sur les deux droites AB'' et BB'', puisque $\mathrm{BB}'' = \frac{1}{6}$ de AB''. La droite AB, ou plutôt le plan qu'elle représente, se nomme *plongée*, parce qu'elle plonge en effet sur les approches du fossé; on nomme aussi ce plan incliné ou *talus*, le *plan de feu*, parce qu'il limite l'inclinaison des coups de feu partis de la ligne A.

62. TALUS EXTÉRIEUR.—Il est évident qu'une masse de terre, telle que $ab\mathrm{AB}$, ne saurait résister long-tems à la poussée naturelle des terres, si on ne la soutenait à mesure qu'elle s'élève par une disposition plus solide; cette disposition est extrêmement simple: elle consiste, pour prévenir l'éboulement, à donner aux terres la pente naturelle qu'elles prendraient en s'éboulant d'elles-mêmes; cette pente étant variable suivant la *force* des terres, nous la fixerons pour le moment à 45°, terme moyen correspondant à une base égale à la hauteur; ainsi du point b nous prendrons $bC = bB$ et joignant BC, cette droite nous représentera l'inclinaison de la masse de terre destinée à soutenir le parapet, et que l'on nomme, pour cette raison, *le talus extérieur;* à l'aide de cette inclinaison, l'effet destructeur des bouches à feu sera, sinon annulé, au moins considérablement diminué, puisque les terres occupant déjà leur pente naturelle, ne s'ébouleront que peu ou point du tout.

63. DISPOSITIONS INTÉRIEURES. — Voilà pour la forme extérieure de la masse couvrante, construite de manière à protéger les défenseurs contre les feux de mousqueterie et d'artillerie. Passons maintenant aux dispositions intérieures propres à faciliter la riposte.

On sent au premier abord qu'une élévation de 2^m, 50 est beaucoup trop forte pour qu'un homme, placé sur le sol naturel, puisse jamais tirer par dessus. C'est ici le lieu d'observer en même tems, que le retranchement, quel qu'il soit, n'a nullement pour objet de mettre l'assiégé totalement à l'abri des projectiles ennemis, mais de diminuer autant que possible pour lui les chances d'être atteint, en lui laissant le libre usage de ses armes. Or, pour qu'un homme puisse ajuster par-dessus un parapet, et surtout suivant une certaine inclinaison, il faut qu'il ait au moins la tête, et même les épaules au-dessus de ce parapet, qui couvrira seulement le reste du corps; c'est ce reste, comprenant depuis les pieds jusqu'aux épaules ou environ, lorsque l'homme est penché pour tirer, que l'on évalue à 1^m, 30; ainsi l'on devra établir à 1^m, 30 au-dessous de la ligne de feu, un terrain artificiel sur lequel se placeront les défenseurs. Prenons donc $Ad = 1^m$, 30, nous aurons ce qu'on appelle la *hauteur d'appui*, et par le point d menant une parallèle à aT, nous avons le sol artificiel sur lequel se placent les défenseurs.

64. TALUS INTÉRIEUR. — Pour soutenir les terres de ce

côté et en même tems faciliter le mouvement des hommes quand ils ajustent, on établit un talus qui, par opposition à celui qui soutient le parapet extérieurement, se nomme *talus intérieur;* pour éviter qu'il occupe une place inutile dans l'intérieur de l'ouvrage, et qu'il ne gêne les hommes en les obligeant à se pencher d'une manière incommode pour tirer, on le fait beaucoup plus raide que le précédent, en lui donnant une base du tiers ou du quart de sa hauteur. Comme malgré l'opération du *damage,* les terres, à moins qu'elles ne soient très compactes, se maintiendraient difficilement sur une pareille inclinaison, on le recouvre, dans toute sa hauteur, d'un revêtement, habituellement en gazon, qui lui donne une grande solidité; comme nous emploierons de préférence l'inclinaison de $\frac{1}{3}$, nous porterons sur *dd'* une longueur $d\mathrm{E} = \frac{1}{3}$ de 1ᵐ, 30 ou 0ᵐ, 43, et joignant AE nous aurons le profil de ce talus.

65. BANQUETTE. — Le terrain artificiel *dd'*, rapporté pour former la hauteur d'appui, et sur lequel se placent les défenseurs, se nomme *le terre-plein de banquette* ou simplement *la banquette;* sa largeur varie suivant le nombre d'hommes que l'on veut y placer l'un derrière l'autre; si les défenseurs sont sur un seul rang, cette largeur sera de 1ᵐ; s'ils sont sur deux rangs, elle sera de 1ᵐ, 20, mais jamais au-delà; si on veut placer trois hommes de file, comme le troisième serait à découvert, et que, sans augmenter en rien la vivacité du feu, il embarrasserait plutôt les mouvemens des autres, on place le troisième rang sur le talus, pour charger les armes, ramasser les blessés, remplacer ceux qui tombent, etc.

66. TALUS DE BANQUETTE.— D'après ces considérations, on conçoit que le talus qui soutient intérieurement le terre-plein de banquette, doit avoir une pente assez douce pour rendre le service commode; à cet effet, on lui donne une base double de sa hauteur, c'est-à-dire une inclinaison de

$\frac{1}{2}$; ce talus , en raison de sa position , se nomme le talus de banquette ; nous supposerons, dans notre profil, la banquette de 1^m de largeur, pour un seul rang de fusiliers ; ainsi nous porterons $EF = 1^m$, et nous aurons la banquette ; puis, abaissant Ff perpendiculaire à TT', prenant $fG = 2\,Ff$ ou $2^m, 40$, et joignant FG, nous avons le profil du talus de banquette.

67. Nous ferons remarquer ici qu'il y a contradiction manifeste dans la manière de dénommer l'inclinaison des divers talus ; ainsi, le talus de plongée dont la hauteur est $\frac{1}{6}$ de la base, est dit incliné à $\frac{1}{6}$; il semblerait donc que le talus intérieur, dont la hauteur est trois fois la base, dût être appelé logiquement talus à $\frac{3}{1}$; mais l'usage a consacré l'habitude contraire, en mettant toujours en dénominateur le plus fort nombre ; d'ailleurs, il y a rarement à s'y tromper, mais pour éviter toute méprise, nous aurons soin d'indiquer de quelle manière ce rapport doit être interprété, toutes les fois qu'il pourrait y avoir incertitude.

68. Forme du fossé. — Occupons nous actuellement du fossé et commençons par déterminer sa forme ; nous verrons tout à l'heure ses dimensions.

Il est aussi essentiel que dans la masse couvrante, de donner aux terres coupées une inclinaison capable de les soutenir ; mais comme ces pentes ou talus ne sont point exposés comme les précédens à être ébranlés par le choc des projectiles de l'artillerie, il semble, au premier abord, qu'ils doivent être plus raides que ceux des terres remblayées ; toutefois, cette considération ne peut s'étendre aux deux talus ; en effet, celui qui est situé du côté du remblai et que l'on nomme *talus d'escarpe*, a non seulement à résister à la poussée des terres du fossé, mais encore à soutenir tout le poids de la masse couvrante qui s'élève sur ce sol ; il doit donc être incliné de manière à pouvoir remplir cette double condition ; cette inclinaison, proportionnée à la force des terres, varie de $\frac{2}{3}$ et même de $\frac{1}{2}$ jusqu'à $\frac{3}{2}$, terme moyen

45° ou $\frac{1}{1}$ comme le talus extérieur. ($\frac{2}{3}$ *veut dire ici la base* $=\frac{2}{3}$ *de la hauteur;* $\frac{1}{2}$, *la base moitié de la hauteur ;* $\frac{3}{2}$ *au contraire, la hauteur* $=\frac{2}{3}$ *de la base. Il existe une infinité d'autres rapports composés de* 5ᵉˢ, *de* 7ᵉˢ, *de* 10ᵉˢ; *mais pour éviter les longueurs, nous n'avons indiqué que les plus usités*). Pour plus de sûreté encore, et pour empêcher en même tems que les terres du parapet en s'éboulant, ne viennent combler le fossé, ou du moins rendre l'assaut facile, on laisse entre le pied du talus extérieur, et le sommet du talus d'escarpe, un espace de terrain appelé *berme* et dont la longueur CH est de 0ᵐ, 20 à 0ᵐ, 50. Une plus grande largeur serait non seulement inutile pour le but qu'on se propose, mais encore nuisible, en ce qu'elle laisserait trop de facilité à un ennemi audacieux de prendre position au pied du talus extérieur.

Actuellement menons par le point H une droite inclinée à 45°, et supposant le fossé de 3ᵐ de profondeur, terminons la à une parallèle à TT′ menée à 3ᵐ de distance, nous aurons la ligne HI pour profil du talus d'escarpe.

Quant au *talus de contrescarpe*, qui soutient les terres du côté de la campagne, il est naturellement plus raide que le précédent; en outre, comme il importe que l'assaillant, une fois arrivé au bord du fossé, ne puisse s'aider de ce talus pour descendre facilement au fond, c'est encore une raison de le rendre plus raide; on lui donne donc une inclinaison variable de $\frac{1}{3}$ à $\frac{1}{4}$ pour les terres fortes (c'est-à-dire la base $\frac{1}{3}$ à $\frac{1}{4}$ de la hauteur) et de $\frac{1}{2}$ à $\frac{2}{3}$ au plus pour les terres meubles et les sables. En faisant abstraction de la largeur du fossé, nous aurons donc sa projection en prenant par exemple : $Kl = \frac{1}{3}$ de Hh, élevant lL perpendiculaire à hl et joignant LK.

69. Idée générale du déblai et du remblai. — Par suite de ces divers tracés, nous avons obtenu pour profil d'un retranchement, la figure GFEABC; et pour celle de son fossé, le trapèze HIKL. Mais nous avons construit ces deux figures séparément, tandis qu'elles doivent avoir une relation naturelle, à savoir que les terres retirées du fossé et que l'on comprend sous la dénomination de *déblai*, doivent suffire pour construire toutes les parties de la masse couvrante, qui prend alors le nom de *remblai*; cette question constitue ce qu'on appelle *le problème du déblai au remblai*. Nous n'en donnerons qu'une idée succincte, suffisante pour les cas ordinaires, en laissant de côté les détails compliqués dont on embarrasse souvent cette question sous prétexte d'une plus grande exactitude mathématique.

70. Nous désignerons par S, la surface totale du profil de la masse couvrante, et par F celle du fossé; nous aurons donc (n° 69) S = F. Toutefois, telle n'est point en général la forme de l'égalité qui doit servir à déterminer F, à cause d'une circonstance dont nous n'avons pas encore parlé. On a remarqué que, si après avoir retiré d'une excavation, une masse de terre quelconque, on cherche à la faire rentrer dans cette excavation, en foulant et battant même les couches successives, on ne peut généralement y parvenir, et il en reste toujours une certaine quantité en dehors du trou; cette augmentation apparente de volume constitue ce qu'on nomme le *foisonnement*, et varie naturellement suivant la force des terres; nous la prendrons, terme moyen de $\frac{1}{10}$; ainsi l'égalité précédente deviendra S = F + $\frac{1}{10}$ de F.

71. Mais sous cette nouvelle forme comme sous la première, cette égalité ne peut nous donner la valeur de F, c'est-à-dire les dimensions du trapèze HIKL; puisque d'après la géométrie, h désignant la hauteur du trapèze, B sa base supérieure et b sa base inférieure, nous avons F = $h \cdot \frac{B+b}{2}$, égalité qui renferme deux inconnues, savoir: h et $\frac{B+b}{2}$. Il est donc de toute nécessité de fixer à l'avance une de ces dimensions afin de pouvoir déterminer l'autre; d'après cette obligation, on est dans l'usage de choisir d'abord la hauteur du trapèze, afin de trouver l'autre dimension $\frac{B + h}{2}$ Cette dimension représentant la base moyenne, c'est-à-dire la ligne yz, qui joint les milieux des côtés non parallèles, nous la prendrons pour inconnue en la désignant par x; alors nous aurons $F = hx$, et par suite, la première équation deviendra $S = hx + \frac{hx}{10}$, d'où $10\,S = 10\,hx + hx =$ 11 fois $h \cdot x$, d'où enfin, $x = \frac{10\,S}{11\,h}$.

72. PROFONDEUR DU FOSSÉ. — Nous allons maintenant appliquer ce résultat à des nombres, afin de le rendre plus intelligible; et d'abord, commençons par déterminer h, hauteur du trapèze ou profondeur du fossé. Cette profondeur doit être suffisante pour déranger tous les mouvemens d'un homme qui, déjà embarrassé de son équipement et de ses armes, tenterait de sauter dans le fossé; et pour atteindre ce but, elle ne peut être moindre de 2^m, 50 à 3^m (7 à 9 pieds); d'un autre côté elle ne peut être guère de plus de 4^m (12 pieds), pour qu'un homme placé dans le fond du fossé puisse, avec la pelle, jeter la terre sur le sol, cette hauteur même étant déjà considérable; aussi prendrons-nous habituellement pour profondeur du fossé 3^m.

73. DÉTERMINATION DE SA LARGEUR MOYENNE. — Cela posé, l'égalité précédente $x = \frac{10\,S}{11\,h}$ deviendra $x = \frac{10\,S}{33}$. Il ne s'agit plus que de déterminer S, en faisant la somme des différentes figures dont cette surface est composée; c'est ainsi que nous aurons :

TALUS EXTÉRIEUR $= \frac{Bb \cdot Bb}{2}$; puisque nous l'avons supposé à $45°$; or $Bb =$ 2^m, 50 $- \frac{1}{6}$ de ab ou de 3^m, ou 2^m, 50 $-$ 0^m, 50, ou 2^m; d'où talus extérieur $= \frac{4^m}{2} = 2^m$, 00

PARAPET $= ab \cdot \frac{Aa + Bb}{2} = 3 \cdot \frac{4,50}{2}$

$$= 3 \cdot 2^m, 25 = \ldots \ldots \ldots \ldots \quad 6^m, 75$$

$$\text{TALUS INTERIEUR} = 0^m, 43 \cdot \tfrac{1,30}{2} =$$

$$0^m, 43 \cdot 0^m, 65 = \ldots \ldots \ldots \quad 0^m, 2795$$

TERRE-PLEIN DE BANQUETTE, ou

$$\text{rectangle } F\,daf = 1^m, 20 \cdot 1^m, 43 = \ldots \quad 1^m, 716$$

$$\text{TALUS DE BANQ.} = 1^m, 20 \cdot 1^m, 20 = 1^m, 44$$

$$\text{SURFACE TOTALE ou } S = \ldots \ldots \quad 12^m, 1855$$

De là nous tirons $x = \frac{121,855}{33} = 3^m, 692$, ou $3^m, 70$.

74. LARGEUR SUPERIEURE ET INFERIEURE. — Nous pouvons donc poser $yz = 3, 70$; nous avons d'un autre côté

$$\text{HL} = yz + \frac{h\mathrm{I}}{2} + \frac{K l}{2}$$

ou autrement :

$$\text{B} = x + \tfrac{1}{2} \text{ de } (h\mathrm{I} + K l);$$

or, $h\,\mathrm{I} = 3^m$; $K\,l = 1^m$; donc $\tfrac{1}{2}$ de $(h\,\mathrm{I} + K\,l) = 2^m$, d'où B ou $\mathrm{H\,L} = 3^m, 70 + 2^m = 5^m, 70$.

On aurait de la même manière b ou $\mathrm{I\,K} = 3^m, 70 - 2^m = 1^m, 70$.

75. Nous savons donc maintenant déterminer toutes les parties du profil d'un ouvrage ; ainsi nous laisserons dorénavant ces mesures à peu près de côté, à moins que par suite d'un tracé particulier, nous n'ayons à signaler des modifications essentielles. Nous allons maintenant passer à l'examen du tracé par lui-même, et déterminer, d'une manière analogue, ses dimensions, ses propriétés et les relations de ses diverses parties. — Nous ferons même, pour un instant, abstraction de toutes les parties du profil pour ne considérer que la ligne de feu ; un trait renforcé la distinguera de quelques traits parallèles tracés arbitrairement pour la faire ressortir.

76. De la ligne droite considérée isolément. — La forme qui semble au premier abord la plus simple et la plus naturelle, est la ligne droite (pl. II, fig. 5) qui bat de feux directs tout le terrain situé en avant d'elle ; mais cette disposition adoptée dans toute sa simplicité, offre de graves inconvéniens ; et d'abord, quand l'ennemi se trouve à portée de fusil, il peut diviser ses forces, et mettant ainsi le défenseur dans la nécessité de multiplier les feux obliques, d'ailleurs peu redoutables, il avance hardiment sur plusieurs points à la fois ; ainsi la défense est incomplète. Mais l'insuffisance est encore bien plus manifeste, lorsque l'ennemi doublant le pas à mesure qu'il approche, vient se jeter dans le fossé ; là, il se trouve parfaitement à couvert, reforme ses rangs, dégrade le parapet, attaque le retranchement, et sitôt qu'il a forcé un seul point, il est le maître du reste, puisqu'il peut prendre les défenseurs à revers. Donc, la ligne droite doit être rejetée.

77. De la ligne courbe. — La ligne courbe (pl. II, fig. 6 et 7) pourrait avoir deux positions différentes ; elle pourrait avoir sa convexité tournée vers l'ennemi, et alors elle ne fournirait que des feux divergens, et parconséquent peu efficaces ; et outre cela, les mêmes inconvéniens subsistent que dans la ligne droite, relativement au fossé et à la possession de l'un des points ; on penserait donc qu'il vaudrait mieux tourner la concavité vers l'ennemi ; alors, à la vérité, on pourrait lui opposer des feux convergens et dont l'effet serait redoutable ; mais aussi l'assaillant, profitant de l'impossibilité de protéger les extrémités par des feux obliques, tournerait aisément la position et viendrait fusiller les défenseurs à bout portant, sur leur propre rempart. En outre, les lignes courbes ont conjointement un désavantage majeur, relatif à leur construction, car les talus devraient être dans ce cas des portions de surface courbe, qu'il serait aussi difficile de construire que d'empêcher de se dégrader. Donc, la ligne courbe, soit concave, soit convexe, doit être rejetée.

78. DE LA LIGNE BRISÉE. — Il résulte des observations précédentes, que le plus grand inconvénient provient de l'insuffisance d'une ligne unique, pour battre le terrain dans toutes les directions, et en particulier pour protéger le fossé. Donc, pour remédier à cet état de choses, il convient d'adopter un tracé composé d'une *ligne brisée*, dont les parties alternativement *saillantes* et *rentrantes*, porteront des feux dans toutes les directions, en même tems qu'elles battront mutuellement le fossé de la partie voisine, condition qui constitue le *flanquement*. Ainsi on dit en général, qu'une portion d'ouvrage est flanquée, lorsque le terrain en avant d'elle et particulièrement son fossé, sont battus par les feux d'une autre portion du retranchement. Afin d'examiner plus aisément ces circonstances de mutuelle protection, nous prendrons un exemple (pl. II, fig. 8).

79. DE L'ANGLE SAILLANT. — Considérons d'abord la partie *saillante*, formée par la rencontre des deux droites AB et BC, et voyons ce qui se passera en faisant varier cet angle. A cet effet, élevons au point B une perpendiculaire à chacune des droites AB et BC; ces perpendiculaires représenteront les coups de feux extrêmes, tirés du point B par deux hommes placés chacun sur une *face*; et alors tout l'espace compris dans l'angle rentrant $x\,B\,x$ est dépourvu de feux directs, et sa défense est nulle; on le nomme, pour cette raison, *secteur sans feux*. Or, il est clair que si l'angle saillant ABC devient plus aigu, comme A'BC' par exemple, le secteur sans feux augmentera dans la même proportion, puisque ces deux angles sont *suppléments* l'un de l'autre (c'est-à-dire qu'ils valent ensemble deux angles droits ou 180°). On conçoit donc déjà qu'il est aussi avantageux d'ouvrir l'angle saillant, qu'il serait dangereux de le trop resserrer; en outre, dans ce dernier cas, la défense du saillant même, dans une certaine étendue, deviendrait impossible, les défenseurs n'y trouvant pas assez de place pour s'y mouvoir, et à plus forte raison pour se servir de leurs armes ; enfin, *l'arête* formée au saillant, par les intersections des talus des deux faces, n'offrirait aucune solidité, et les projectiles l'auraient bientôt ruinée si elle était tellement aigue. Ces considérations réunies, on fait adopter pour limite inférieure des angles saillans, l'ouverture d'au moins 60°, avantageuse en pratique comme étant celle du triangle équilatéral. Quant à la limite supérieure, on n'en reconnait pour ainsi dire pas d'autre que celle que de 180° ; elle dépend entièrement de la situation des points que l'on veut couvrir, ou de ceux qu'on veut battre ; toutefois, pour ne pas donner double prise aux ricochets d'enfilade, il est rare que cette ouverture dépasse 150 à 160°.

80. Limite de l'angle rentrant. — Les deux faces de l'angle rentrant étant destinées à se flanquer mutuellement et autant que possible par des feux directs, on conçoit l'avantage de faire cet angle égal à un droit ou 90°. Cette ouverture est même la limite inférieure de l'angle rentrant ; car, supposons deux faces AB, AD par exemple, faisant entre elles un angle plus petit que BAD qui est égal à 90°, les directions vv', tt' de deux coups de feu quelconques, tirés de chacune des faces, montrent clairement que les défenseurs se nuiraient mutuellement, et que, par suite, cette disposition doit être rejetée comme dangereuse ; et même, pour éviter toute chance d'accident, il est bon que l'angle rentrant soit toujours un peu plus grand que 90°.

Toutefois, cet accroissement ne saurait s'étendre indéfiniment comme celui de l'angle saillant, car le flanquement devient de plus en plus oblique, et conséquemment moins efficace ; d'ailleurs, nous verrons bientôt que pour l'angle même de 90°, il existe déjà un défaut dans le flanquement, et que ce défaut devient de plus en plus sensible à mesure que l'angle rentrant augmente, ce qui oblige à le limiter habituellement de 100 à 110°.

81.. Projection d'une portion de retranchement. — Nous allons maintenant passer à la représentation d'une portion quelconque de retranchement, telle, par exemple, que la ligne brisée ABCD (pl. IV).

Nous supposerons que cette ligne soit la projection horizontale de la ligne de feu (n° 60) ou crête supérieure de la plongée (n° 61), et, pour la distinguer, nous la marquerons d'un trait plus fort. Actuellement pour avoir la projection horizontale des autres lignes, il est nécessaire d'avoir le profil général de l'ouvrage. Soit donc (n°s 61 à 69) GFE ABC, HIKL, le profil de la face BC, par exemple, suivant la perpendiculaire SS' à cette face *(ou plutôt suivant le plan vertical passant par cette perpendiculaire)* (n° 47).

Sur cette perpendiculaire, et à droite de BC, portons une longueur $a'b' = ab$; le point b', sera un point de la projection de la crête supérieure du talus extérieur et en menant par ce point b' une parallèle à BC, nous avons la projection de cette ligne même (n° 31). Prenons ensuite $a'c' = ac$, et menons par le point c' une seconde parallèle à BC; cette parallèle est la trace du talus extérieur. Prenons successivement $a'h'$, $a'i'$, $a'k'$, $a'l'$, respectivement égales aux longueurs aH, aI, aK, aL, et menons par les points ainsi obtenus, autant de parallèles à BC, nous aurons de même les projections de la berme, du pied de l'escarpe, du fond du fossé, du sommet de la contrescarpe; enfin nous obtiendrons absolument de la même manière, le pied du talus intérieur, la banquette et le pied du talus de banquette.

Nous opérerons de même sur une perpendiculaire aux deux faces AB et CD, et nous aurons la projection de toutes les parties du retranchement, dans toute son étendue.

82. Intersection des talus. — Pour compléter cette projection, il convient encore d'y indiquer les intersections

des talus correspondans des faces voisines. Or, on a démontré
(n° 32) que deux plans étant également inclinés, la projection de leur intersection divise en deux parties égales
l'angle de leurs traces, ou ce qui revient au même (n° 31),
l'angle de deux horizontales passant par le même point;
ainsi il suffira de diviser en deux parties égales les angles
ABC, BCD, et les bisectrices convenablement tracées, représenteront les intersections respectives des talus de même
nom des faces voisines; le terre-plein de banquette, la
berme et le fond du fossé étant des portions horizontales, la
bisectrice n'y est point tracée, puisqu'en réalité il n'y a
point d'intersection.

83. ARRONDISSEMENT DU SAILLANT. — Bien que nous
ayons présenté d'abord un tracé parfaitement régulier pour
le saillant comme pour le rentrant, il est nécessaire de dire
que ce tracé se modifie pour le fossé en avant du saillant,
afin de diminuer un déblai considérable, évidemment trop
fort pour la construction de la partie bornée par les deux
perpendiculaires menées au point B sur chaque face; à cet
effet, au lieu de continuer le fossé, parallèlement aux deux
faces, on en contourne toutes les parties ainsi qu'il suit :
du pied du talus extérieur t, on mème deux droites respectivement perpendiculaires aux directions de ces talus; puis,
de ce point comme centre et avec un rayon égal à la longueur de la berme, augmentée successivement de celles du
talus d'escarpe, du fond du fossé et du talus de contrescarpe,
on décrit des arcs de cercle, qué l'on arrête aux points où
ils sont tangens aux diverses lignes du tracé; ce sont ces
arcs de cercle qui limitent alors au saillant l'escarpe et la
contrescarpe.

84. TALUS DE TERMINAISON. — Si les différens talus ont
pour objet principal de donner, dans le corps de l'ouvrage,
une consistance suffisante aux terres rapportées qui les forment, on conçoit qu'il n'est pas moins essentiel d'assurer de

la même manière les extrémités, en les terminant par un plan incliné , généralement gazonné pour lui donner plus de solidité. Ce plan, ou pour parler plus rigoureusement, ce talus, forme lui-même, par son intersection avec les différentes parties qu'il rencontre, un véritable profil que nous allons chercher à représenter. Nous supposerons que la ligne de feu se termine au point A en faisant, par exemple, un angle de 100° avec l'horizontale de ce plan passant au même point; enfin nous supposerons l'inclinaison de ce plan $= \frac{1}{2}$ (c'est-à-dire la base moitié de la hauteur.)

Il est nécessaire de déterminer d'abord la trace de ce plan; or, nous savons déjà qu'elle fait avec la projection de la ligne de feu, l'angle donnée 100° (n° 23); ainsi par un point quelconque m pris à volonté sur le prolongement de BA, menons une droite mn faisant avec mA un angle de 100°, nous avons une parallèle à la trace cherchée, ou autrement dit (n° 26) la projection d'une horizontale de ce plan; nous aurons donc la projection de la ligne de plus grande pente de ce plan (n° 27), en abaissant Ai perpendiculaire sur mn; actuellement l'inclinaison de ce talus étant $\frac{1}{2}$, prenons A$o = \frac{1}{2}$ de Aa (au profil) ou 1^m, 25 ; le point o appartient évidemment à la trace cherchée (n° 38), et nous avons cette trace toute entière en menant oo' parallèle à mn. Maintenant, pour avoir l'intersection de ce plan avec celui de la plongée, il nous suffit d'obtenir le point où le bord extérieur de cette plongée rencontre ce talus, puisque nous avons déjà le point A, où ce plan rencontre la ligne de feu, et que deux points suffisent pour déterminer une droite; à cet effet, nous remarquerons que le bord de la plongée étant coté 2^m, sa rencontre avec le talus de terminaison aura lieu sur l'horizontale de ce talus également cotée 2^m; or, partageons Ao en cinq parties égales; chaque point de division (n° 27) correspondra à une différence de niveau de 0^m, 50, puisque la différence totale entre le point A et le point o est de 2^m, 50;

donc, en particulier, le point r, premier point de division à partir du point A, sera la projection du point coté 2^m, comme le bord de la plongée ; menons actuellement rr' parallèle à oo', cette droite est la projection de l'horizontale cotée 2^m, et le point r' où elle rencontre le bord de la plongée, est un point de l'intersection du talus de terminaison avec la plongée ; déjà le point A en est un autre, donc Ar est cette intersection.

Le point A appartient en outre à l'intersection du même talus de terminaison avec les talus intérieur et de banquette ; nous aurons donc ces intersections, en déterminant au préalable le point g coté 1^m, 20, et menant l'horizontale passant par ce point. Seulement nous observerons que le talus devant avoir pour le fossé une inclinaison en sens contraire, au lieu de prendre la cote du fond du fossé au-dessous de Ao, on devra la prendre au contraire dans le sens oA.

85. ANGLE MORT. — A présent que toutes les parties d'un retranchement sont rigoureusement déterminées, il nous reste à compléter de la même manière, à l'aide du tracé que nous venons d'opérer, les considérations sur le flanquement dont nous avons déjà donné une idée succincte (n° 79).

D'après le premier profil suivant, SS', nous reconnaissons d'abord qu'un homme placé dans le fossé de la face BC, est à l'abri des feux de cette face, et qu'il en est de même à l'égard de la face CD ; de plus, on conçoit aisément qu'il peut se trouver dans le fossé de la face CD par exemple, assez rapproché de la face BC, pour être en même tems à l'abri des feux de cette seconde face, et *vice-versâ*, dans le fossé de la face BC il peut être posté de telle façon que les feux de la face voisine CD ne sauraient non plus l'atteindre. Il existe donc dans les fossés respectifs des deux faces d'un rentrant, une certaine étendue où les assaillans peuvent se trouver en sûreté ; cette portion angulaire, dépourvue de feux, et parconséquent sans défense, se nomme, pour cette raison, *angle mort*. C'est ce défaut réel de flanquement que nous nous proposons d'apprécier rigoureusement.

86. PROFIL BIAIS. — A cet effet, imaginons dans le milieu du fossé de la face CD, et parallèlement à cette face, un second plan vertical (n°s 47 et 80) dont la trace horizontale sera SV, et qui coupera la face BC suivant un second profil, que l'on nomme, en raison de sa position, *profil biais*. Construisons ce profil sur la ligne S''V' et prolongeons le plan de feu jusqu'à sa rencontre en A'' avec le fond du fossé; il est évident que toute la partie I'A'' du fossé de la face CD, reste sans défense de la part de la face BC, et au premier coup-d'œil, il semble que cette partie toute entière appartienne à l'angle mort; néanmoins, un instant d'attention montrera bientôt qu'au point A'' lui-même, un homme ne saurait être à couvert, puisque là, les feux de la face BC le toucheront encore dans toute sa hauteur. Supposons-le donc s'avançant vers cette face; à mesure qu'il avance, il dérobe successivement la partie inférieure de son corps aux feux qui le menacent; mais il n'est complètement à couvert que lorsque sa tête se trouve au-dessous du plan de feu A'A''. Ainsi, par exemple, prenons, terme moyen, 1^m, 60 pour la hauteur d'homme, élevons dans le fond du fossé une verticale A''R = 1^m, 60 et menons RP parallèle au fond du fossé; le point P de rencontre de cette droite avec A'A'', indique le point où l'homme, représenté par la droite P'P, est à couvert des feux de la face BC; parconséquent la partie I'P' appartient seule à l'angle mort.

87. Nous avons indiqué cette limite de l'angle mort comme celle que l'on expose habituellement en théorie; mais nous devons faire remarquer que si la première était trop étendue, celle-ci au contraire est trop restreinte, en raisonnant sur la hauteur totale d'un homme debout; car il est certain que des hommes parvenus dans le fossé, chercheront habituellement, quelle que soit leur audace, à se mettre à couvert le plus promptement possible; et quoique l'on dise du peu de crainte que l'on doit

avoir d'un ennemi couché ou accroupi, on a vu mainte fois les assaillans se courber et même se coucher pour offrir moins de prise aux feux
des défenseurs, et se glisser ainsi jusqu'au point où ils sont totalement
à couvert; ainsi il serait convenable de réduire à 1^m, et même rigoureusement à 50 ou 60^c, la hauteur de la perpendiculaire qui sert à limiter
l'angle mort.

88. On reconnait aisément que plus l'angle rentrant est
ouvert, plus l'angle mort devient grand; ainsi pour l'angle
de 90°, il est d'environ quatre fois la hauteur de la plongée
au-dessus du fond du fossé; pour l'angle de 130°, il s'étend
à près de six fois cette distance; 150° à un peu plus de sept
fois, etc.

89. CLASSIFICATION DES DIFFÉRENTES SORTES D'OUVRAGES.
— Nous connaissons actuellement les données générales qui
sont appliquées à peu près à toutes les constructions de la
fortification de campagne; ainsi nous nous abstiendrons habituellement d'y revenir, et nous allons exposer le tracé des
ouvrages les plus fréquemment employés, en les partageant,
pour plus de commodité, en trois classes :

1° OUVRAGES OUVERTS ISOLÉS. — La première compren-
dra tous les ouvrages isolés et ouverts, destinés moins à
l'occupation sérieuse d'une position, qu'à la défense provisoire d'un point, gorge, défilé, gué, pont, etc. De ce nombre sont : *la flèche, le redan, la tenaille, la lunette, la tête
tenaillée, la tête bastionnée, etc.* (Voir pour tous ces ouvrages, la planche V où ils sont accompagnés de leurs noms);

2° LIGNES. — La deuxième catégorie traitera des réunions
de retranchemens connus sous le nom de *lignes,* formées par
l'assemblage des ouvrages précédens, et destinées d'ordinaire à protéger des corps de troupes d'une certaine force.
Nous y distinguerons particulièrement : *les lignes à redans,
à crémaillères et bastionnées* comprises sous la dénomination
collective de *lignes continues;* nous décrirons ensuite le tracé
et les propriétés des *lignes à intervalles,* et nous donnerons
un aperçu de la construction *des batteries;*

3° Ouvrages fermés. — Enfin, dans la troisième classe, nous rangerons les ouvrages fermés, plus particulièrement destinés à une occupation de quelque durée, et après avoir traité des *redoutes*, des *forts* et des *fortins*, nous terminerons par indiquer la construction des *blockhaus* qui nous ont été et nous sont encore d'un si grand secours en Afrique.

90. Flèche. — Nous avons reconnu (n° 75) l'inconvénient résultant de l'emploi d'une ligne droite isolée ne battant qu'une seule direction, et pouvant être facilement tournée; le moyen le plus simple pour y remédier, en couvrant avantageusement le point que l'on veut défendre, est de briser cette ligne pour porter des feux directs dans deux directions; or, ce brisement peut s'opérer de deux manières; mais d'après l'ordre que nous avons adopté plus haut, nous commencerons par le cas où le brisement produit un angle saillant. Si les faces de l'angle saillant sont moindres de 50ᵐ, l'ouvrage, ainsi formé, prend le nom de *flèche*. La flèche est le plus simple de tous les ouvrages, mais il est aisé de reconnaître, d'après les notions que nous avons déjà du flanquement, quel est l'inconvénient de cette disposition dont le saillant n'est défendu par aucun feu; de plus, l'ouverture qui existe entre les deux extrémités, et qu'on nomme *la gorge de la flèche*, impose la nécessité d'appuyer ces extrémités à des obstacles naturels, sans quoi il serait aisé de prendre à revers les défenseurs; dans tous les cas, il est nécessaire de *fermer* cette gorge par une palissade qui s'oppose au moins à ce que l'ouvrage soit enlevé par surprise.

La flèche ne s'emploie d'ordinaire qu'en avant d'un autre retranchement, pour couvrir un passage servant de communication avec la campagne; alors ses deux faces peuvent se trouver flanquées par l'ouvrage dont elle-même protège une partie faible.

91. Redan.— Le redan n'est autre chose qu'une grande

flèche, et se divise lui-même en deux classes : le grand
redan et le petit redan. Toutefois, cette distinction résulte
moins de la dimension des faces, qui généralement ne sont
point les élémens du tracé, que de celles de la *demi-gorge* et
de la *capitale*; nous savons déjà ce que c'est que la gorge.
On appelle *capitale*, la perpendiculaire abaissée du sommet
de l'angle saillant sur la gorge, qu'elle divise en deux parties égales. Ainsi on désigne habituellement les redans par
les dimensions de leur capitale et de la demi-gorge. On
appelle grands redans, ceux dont la capitale a 55^m, et la demi-
gorge, 40 ^{m}; et on appelle petits redans, ceux qui ont pour
dimensions correspondantes 44^m et 30^m; leur tracé, leurs
propriétés, leur usage étant les mêmes, ne nous occupons
que des premiers.

Pour tracer un grand redan, on tire une ligne indéfinie
sur laquelle on prend une longueur AB $= 40^m$; au point B,
on élève une perpendiculaire sur laquelle on prend BC $=$
55^m; puis, on joint AC qui est la première face du redan;
ensuite on porte BD $=$ AB ou 40^m, on joint CD et l'on a le
redan ACD. Le redan, de même que la flèche, s'emploie peu
isolément; nous verrons plus loin quel parti on peut tirer de
leur assemblage; il suffit pour le moment d'avoir donné leur
description.

92. TENAILLE.—*La Tenaille* est encore, comme les deux
ouvrages précédens, la réunion de deux lignes droites qui
se rencontrent, mais en formant un angle rentrant; de sorte
que si la flèche ou le redan sont propres à être placés en
avant d'un passage que l'on veut défendre, la tenaille sera
au contraire plus avantageusement placée en arrière de ce
point, auquel elle pourra ainsi appuyer ses deux faces, tandis
qu'autrement elle serait exposée à être aisément tournées.
De même que nous avons omis de rappeler que l'angle saillant des deux précédens ouvrages devait être au moins de
60° (n° 78), il sera peut-être inutile de répéter que l'angle

formé par les deux faces de la tenaille ne peut être moindre de 90° (n° 79).

Cette forme de retranchement est également peu usitée isolément, excepté dans le cas que nous venons de citer ; mais on la conseille quelquefois en avant du saillant d'un redan, pour détruire le secteur sans feux ; et il est bon, dans ce cas, d'appuyer ses extrémités aux derniers coups de feu partis du saillant, afin de leur ôter ainsi l'inconvénient de rester en l'air sans protection.

93. Lunette. — Si nous supposons qu'à l'aide d'un redan on veuille couvrir par exemple le passage d'une rivière, nous reconnaîtrons que la protection n'est qu'incomplète, puisque les bords mêmes de la rivière ne sont défendus que par des feux obliques. Pour les battre avec plus d'avantage, on brise alors les faces du redan à leur extrémité, et l'ouvrage qui en résulte, se nomme *lunette*. Les deux droites qui se rencontrent au saillant se nomment encore *les faces* de la lunette, et les deux autres portions, adjacentes aux premières, se nomment *ses flancs ;* la ligne qui joint les extrémités des flancs se nomme *la gorge* de la lunette. Cet ouvrage possède un avantage sur les précédens, en ce qu'il est mieux clos et parconséquent à l'abri des surprises, qu'il renferme un espace intérieur proportionnellement plus considérable, et qu'il porte des feux dans un plus grand nombre de direcrections ; mais il possède un inconvénient majeur, c'est d'avoir trois secteurs sans feux et conséquemment trois points faibles. Pour remédier autant que possible à cet inconvénient, on élargit les angles saillans ; à la vérité on augmente aussi en même tems la gorge ; mais les approches étant défendues par des feux directs, cet inconvénient est beaucoup moindre que dans les ouvrages précédens. Le tracé le plus ordinaire consiste à construire les flancs parallèlement à la capitale.

La direction et la longueur des faces étant déterminées

d'après le but de l'ouvrage, on se donne la longueur de la capitale, l'angle du saillant et la longueur des faces, et le tracé s'en déduit. Ainsi, soit la capitale = 80ᵐ, la face 68ᵐ, et l'angle au saillant de 90°. Sur une droite indéfinie AB élevons une perpendiculaire sur laquelle nous porterons CD = 80ᵐ, le point D sera le saillant de la lunette ; au point D faisons de chaque côté de cette droite deux angles CDE, CDF, chacun de 45°, l'angle total EDF est parconséquent de 90°, et en prenant DE et DF = 68ᵐ, nous avons les deux faces ; actuellement menons EG et FH parallèles à CD, et terminées comme cette droite à la rencontre de AB, et la lunette se trouvera complétée. On reconnaît alors que la gorge est de 98ᵐ, la longueur des flancs de 31ᵐ, et les angles des flancs avec les faces voisines, de 135°; ces angles portent en particulier le nom *d'angles d'épaule*. Lorsque l'angle saillant **D** devient plus ouvert, et généralement lorsque les dimensions sont plus grandes, la lunette prend le nom de *bastion*; mais le bastion n'étant point employé isolément, nous renvoyons plus loin pour en avoir une idée plus complète.

94. TÊTE TENAILLÉE, OU QUEUE D'HIRONDE SIMPLE. — *La tête tenaillée* est à la tenaille ce que la lunette est au redan ; en ce sens que cet ouvrage n'est autre chose qu'une tenaille à laquelle on a ajouté des flancs; seulement, dans la lunette, les flancs sont toujours plus petits que les faces, tandis qu'ici ces flancs, ou comme on pourrait dire ces secondes faces, sont souvent plus grandes que les faces de la tenaille. Dans ce tracé, on reconnaît aisément qu'en établissant l'angle rentrant peu au-dessus de 90°, et en ouvrant au contraire les angles saillans, ces derniers se trouvent assez bien flanqués par les feux des faces opposées, et si on protège l'angle mort par une flèche placée en avant du rentrant, on obtient un tracé assez avantageux. La forme de la tête tenaillée lui a fait aussi donner le nom de *queue d'hironde simple*, à cause de la ressemblance qu'on a voulu lui trouver avec la queue découpée de l'hirondelle.

95. Double tête tenaillée, ou queue d'hironde double, ou bonnet de prêtre. — Cette construction se modifie de la manière suivante, qui porte les trois noms de *double tête tenaillée, de queue d'hironde double, ou de bonnet de prêtre,* le premier toutefois étant le seul raisonnable, les deux autres étant empruntés à des ressemblances au moins forcées, sinon tout-à-fait illusoires. Cette nouvelle disposition consiste à juxtà-poser deux tenailles simples qui se flanquent mutuellement, et à ajouter à cette double tenaille deux flancs qui renferment avec elle un espace considérable ; quelquefois même au lieu de placer les deux tenailles sur la même ligne, on les construit sur deux droites formant déjà entre-elles un certain angle rentrant, l'on a ainsi, dans ce grand rentrant une multiplicité de feux croisés qui en rendent l'accès très difficiles. Toutefois, si cette disposition, de quelle manière qu'elle ait lieu, a quelque supériorité sur la tête tenaillée simple, les deux angles morts qu'elle présente, et la nécessité de prolonger davantage les flancs qui deviennent ainsi plus exposés à l'enfilade, offrent aussi de graves inconvéniens qui en paralysent souvent l'emploi.

96. Tête bastionnée, ou ouvrage a cornes. — *La tête bastionnée* présente une certaine analogie avec la tête tenaillée, sauf le tracé destiné à battre la campagne en avant. Voici ses dispositions ordinaires : soit, par exemple, AB un *front* de 180^m, que l'on se propose de défendre par un *tracé bastionné*; prenons le milieu C de AB, et abaissons de ce point une perpendiculaire à cette droite ; prenons ensuite CD = $\frac{1}{8}$ de AB ou 22^m, 50 ; (*cette longueur varie, comme nous le verrons plus tard de $\frac{1}{6}$ à $\frac{1}{8}$ du front total*) ; joignons le point D aux points A et B, les deux droites AD et BD se nomment dans ce tracé *lignes de défense.*

Actuellement, sur les lignes de défense, prenons les longueurs AE, BF, respectivement égales au tiers du front total AB, ou à 60^m; ces deux portions des lignes de défense s nomment *faces ;* prolongeons les lignes de défense, chacune de leur côté, au-delà du point D, et des points E et F abaissons sur les prolongemens respectivement opposés, les perpendiculaires EG, FH qui prendront le nom de *flancs ;* enfin, joignons GH, nous avons la *courtine* qui complète le tracé ; actuellement ajoutons de chaque côté les deux droites AK et BL, et la ligne brisée KAEGHFBL est le tracé de la tête bastionnée. D'après cette disposition, il n'y a plus de secteur sans feux, et la campagne se trouve battue en avant dans toutes les directions ; toutes les parties se flanquent mutuellement, et les angles rentrans se trouvent défendus par les triples feux croisés de la courtine des flancs et des faces ; enfin, on fait entièrement disparaître les angles morts, en évitant de contourner le fossé en avant des flancs et de la courtine. En effet, supposons que la seconde ligne *abcdef..* représente le pied du talus extérieur, et la ligne *mnop......* le sommet de la contrescarpe ; si la contrescarpe contournait les flancs et la courtine, les feux des flancs arrêtés par cet obstacle ne pourraient balayer le fossé des faces opposées ; on prolonge donc les contrescarpes parallèlement aux faces, jusqu'à leur rencontre sur la capitale, en déblayant tout l'espace *mnopq*, et rien n'empêche les feux des flancs de battre alors toute l'étendue du fossé, jusqu'au pied de l'escarpe du flanc opposé, avantage qui ne se trouvait dans aucun autre tracé (n°s 84 et 85). Les deux saillans bien détachés, que forme la tête bastionnée, lui font aussi donner le nom *d'ouvrage à cornes*, et c'est particulièrement sous ce nom que cet ouvrage est désigné lorsqu'il sert à couvrir un point ou quelqu'autre communication de grande importance.

97. OUVRAGE A COURONNE OU DOUBLE TÊTE BASTIONNÉE. — Enfin, puisque nous avons été conduits à parler de la double tête tenaillée, nous citerons également *la double tête bastionnée*, plus particulièrement appelée *ouvrage à couronne*, et qui seule est déjà une réunion d'ouvrages présentant une grande force. Elle se compose de deux fronts bastionnés réunis suivant un angle variable et terminés de l'autre côté par deux longues faces s'appuyant à des obstacles naturels, tels que par exemple la rivière, la montagne, ou le marais dont on veut défendre le passage. Nous verrons, en parlant des têtes de ponts, les additions que l'on fait encore pour augmenter la force et compléter la défense de ces sortes d'ouvrages, qui, par leur étendue, les ressources qu'ils demandent, et l'importance des points qu'ils protègent, sont quelquefois appelés à jouer un grand rôle dans les opérations stratégiques.

98. LIGNES. — On appelle généralement *ligne*, une fortification qui se prolonge indéfiniment dans un sens, pour protéger un front, un abord quelconques, mais qui ne peut par elle-même défendre une enceinte de toutes parts. On les distingue en *lignes continues* ou *lignes à intervalles*, suivant qu'elles forment une masse couvrante non interrompue, ou qu'elles sont composées de portions séparées les unes des autres; mais se couvrant et se flanquant mutuellement.

99. LIGNES CONTINUES. — Nous commencerons par les lignes continues, qui se divisent elles-mêmes en trois espèces : *lignes à redans*, *lignes à crémaillères*, *lignes bastionnées;* nous les passerons successivement en revue. (pl. VI).

100. LIGNES A REDANS. — Nous avons déjà vu (n° 91) ce que c'était qu'un redan; si l'on en dispose plusieurs sur une même ligne droite, et qu'on joigne deux à deux leurs extrémités symétriques, on aura une ligne à redan ; les droites de jonction des redans deux à deux, prennent alors, comme dans le tracé bastionné, le nom de *courtines*. L'espace compris entre les saillans de deux redans consécutifs, se nomme *front*. On conçoit que la longueur des fronts ne saurait être indifférente pour obtenir un flanquement avantageux; nous verrons dans la troisième partie, comment on peut calculer les limites convenables, nous nous occuperons seulement ici de leur détermination graphique.

101. LIMITE SUPÉRIEURE DE L'ÉTENDUE DES FRONTS. — Soit donc ZZ′ la droite indéfinie qui contient les saillans des redans, et soit BAG le premier de la ligne; le second redan devra être placé de telle façon que la moitié au moins de son secteur sans feux soit battue par les feux de la face AC du premier; pour satisfaire à cette condition, il faut donc que le dernier coup de feu Ax, parti du saillant A arrive au moins sur la capitale du deuxième redan. En admettant pour plus grande portée du fusil d'infanterie 200^m, nous voyons donc que pour obtenir le flanquement rigoureusement nécessaire, la capitale du second redan ne pourra rencontrer la ligne Ax à plus de 200^m du point A; ainsi, prenons A$x = 200^m$, et du point x abaissons une perpendiculaire sur ZZ′; cette perpendiculaire est la capitale du redan au maximun d'écartement, et le point R en est le saillant. Il est clair en effet, qu'un redan situé en P par exemple, ne saurait attendre grand secours du redan placé en A, puisque les feux de la face AC arrivent à peine à la limite de son secteur sans feux; on conçoit au contraire qu'il y a de l'avantage à diminuer la distance AR, afin d'obtenir un flanquement plus efficace.

102. LIMITE INFÉRIEURE. — Toutefois, il y aurait un inconvénient non moins fâcheux à raccourcir outre mesure cette distance, de manière à faire occuper au second redan une position telle que P′ par exemple. Car, non seulement une partie des feux des faces symétriques serait annulée pour le flanquement, en venant battre et parconséquent dégrader le parapet situé sur son passage, mais encore ce qui est beaucoup plus grave, les défenseurs, loin de se protéger mutuellement, seraient inévitablement exposés à s'entre-tuer; il importe donc de fixer la limite de ce rapprochement. Or, nous remarquerons que le coup de feu le plus rapproché du redan voisin, est celui parti du point C; il faut donc que ce coup de feu laisse en deçà de lui, ou tout au plus vienne raser le pied du parapet de la face qu'il regarde; ainsi représentant par *bac*, le pied du talus extérieur contournant le redan BAC, menons par le point *a*, une parallèle à ZZ'; le point *r* où cette parallèle rencontre le coup de feu extrême C*x*, sera le pied du talus extérieur au saillant du redan au minimum d'écartement, et le point R' sera le saillant de la ligne de feu.

Delà il résulte que pour obtenir un tracé avantageux, l'étendue des fronts dans les lignes à redan devra être limitée entre les distances AR et AR'.

103. REMARQUES SUR LA COURTINE. — Il peut arriver qu'au lieu de laisser à la courtine sa place et sa forme régulière telle que EF, HI, etc., on croie trouver quelque avantage, quelquefois même on se voie obligé à en modifier la position ou le tracé, soit en reculant la courtine, soit en la brisant; mais on conçoit que la manière d'exécuter ce déplacement ou cette transformation, est subordonnée à la condition essentielle de conserver le flanquement des diverses parties entre elles.

104. COURTINE RECULÉE. — Supposons donc d'abord que l'on veuille reculer la courtine EF par exemple. De même que précédemment (n° 102), nous ferons observer que les feux partis de la face DE par exemple, ne doivent point atteindre le parapet de la face GF, ou *vice versâ*. Conséquemment, du point *g*, pied du talus extérieur du saillant G, nous abaisserons une perpendiculaire sur DE, et le point E sera évidemment le point où devra s'arrêter la face DE, sous peine de fusiller la face GF; ainsi menons E'F' parallèle à EF ou à ZZ', et nous aurons la position de la courtine à son maximum de reculement.

La plus simple observation fera connaître qu'il serait dangereux d'avancer la courtine, puisqu'en réduisant ainsi la longueur des faces, on lui enleverait une partie de la protection qu'elle tire du croisement de leurs feux. Par la même raison, il serait imprudent de la détacher des faces dont elle paralyserait en partie l'action, ou aux feux desquelles elle pourrait elle-même se trouver exposée.

105. COURTINE BRISÉE. — Le brisement de la courtine s'opère d'une manière tout-à-fait semblable ; ainsi supposons que l'on veuille briser la courtine HI ; des points g et l, nous abaisserons deux droites respectivement perpendiculaires aux faces LI et GH prolongées suffisamment. Ces deux faces se termineront alors aux points I' et H', et la nouvelle courtine se composera des parties I'K, H'K des deux perpendiculaires ; de cette manière, les angles rentrans se trouveront être de 90° ; les feux de la partie H'K de la courtine battront directement le fossé de la face GH' et le secteur sans feux du redan auquel elle appartient ; il en est de même pour la partie I'K relativement à la face LI'. Ainsi quant au flanquement, ce procédé est assez avantageux, car il n'y a plus de secteur sans feux, et l'angle mort est le plus petit possible (n° 88). Cependant on l'emploie rarement, car il a l'inconvénient de priver de feux directs sur la campagne, condition essentielle, avons nous dit, pour une bonne défense (n°s 76 et 80). La courtine devient ainsi le point faible de la ligne, au lieu que d'une autre façon elle en est le plus fort.

106. COMMUNICATION AVEC L'EXTÉRIEUR. — Lorsqu'une ligne s'étend sur un espace assez étendu, il devient nécessaire d'y pratiquer des *passages*, soit pour faciliter les sorties, soit seulement pour conserver des communications avec le dehors.

Or, la courtine étant généralement le point le moins vulnérable, on établit le passage en pratiquant une *coupure* de 3 à 5ᵐ de largeur, dans l'étendue et plus particulièrement dans le milieu de la courtine ; d'ailleurs, on construit en arrière de cette coupure une *traverse* ou portion de retranchement défendue par plusieurs hommes ; cette traverse a pour double objet de défendre l'entrée de ce passage, fermé d'ailleurs d'une forte barrière pour empêcher qu'on ne puisse s'en saisir par surprise, et d'intercepter les feux de l'ennemi qui, traversant directement ou obliquement la coupure, viendraient frapper les défenseurs placés en arrière de la ligne ; nous verrons plus loin le détail de ce tracé.

107. AVANTAGES DES LIGNES A REDANS. — Les lignes à redans, dont nous venons d'indiquer les particularités les plus remarquables, ont plusieurs avantages réels. En premier lieu, leur tracé pratique est extrêmement simple, ainsi que nous le verrons dans la deuxième partie ; c'est d'ailleurs, comme nous avons vu, la disposition la plus simple pour remédier à la ligne droite (n° 90) ; le flanquement y est, ainsi qu'il a été dit plus haut (n°s 101 et 102), assez avantageux, ses diverses parties offrent peu de prise à l'enfilade ; et l'emploi raisonné des grands et des petits redans combinés avec les modifications de la courtine , permet , jusqu'à un certain point, de plier ce tracé aux exigences du terrain.

108. INCONVÉNIENS.— On reproche à ce système d'offrir sur chaque front deux angles morts, disposition éminemment vicieuse, d'autant plus que les fossés où ils existent, ne peuvent être protégés eux-mêmes que par des feux obliques qui enlèvent conséquemment à la défense des faces et de la courtine, une grande partie de son efficacité ; d'ailleurs, nous avons vu que si on veut remédier à cet inconvénient en brisant la courtine, on tombe dans un autre qui n'est pas moins grave, en se privant totalement des feux directs.

109. LIGNES A CRÉMAILLÈRES. — *Les lignes à crémaillères* sont ainsi appelées, parce que la disposition qu'elles affectent a quelque analogie avec la mécanique qui porte ce nom.

Elles sont comprises entre deux lignes parallèles, que

nous supposerons droites et distantes entre elles de 30 à 40^m; on partage la bande de terrain ainsi formée, en parties égales, ayant une longueur triple de leur profondeur, c'est-à-dire de 90 à 120 ^m; on obtient ainsi une série de rectangles, dont la base supérieure constitue le *front*; on trace ensuite les diagonales parallèles; puis de l'extrémité supérieure de chacune d'elles, on abaisse une perpendiculaire sur celle du front adjacent à cette extrémité. Ce genre de lignes étant peu usité, nous renvoyons à la troisième partie, pour la détermination des limites de l'étendue des fronts; nous nous bornerons à remarquer que pour battre une plus grande étendue par deux grandes faces adjacentes, on change de diagonale dans le cours du tracé, en prenant celle qui passe par les deux autres sommets du rectangle; on a d'ailleurs ainsi l'avantage d'avoir un secteur sans feux très petit, bien défendu par les petites faces voisines.

110. AVANTAGES ET INCONVÉNIENS.— Ce système ayant beaucoup moins de profondeur que le précédent, peut être employé pour l'occupation d'un passage étroit; le flanquement en est avantageux, et les feux convergens qu'il peut diriger sur un même point, peuvent le rendre redoutable; mais d'un autre côté, il présente à l'ennemi de longues faces parallèles, qu'il peut enfiler avec son artillerie; elles ne fournissent d'ailleurs point de feux directs pour en défendre convenablement les approches; enfin, il offre autant d'angles morts qu'il y a de fronts.

111. LIGNES BASTIONNÉES. — *La ligne bastionnée* se compose d'une suite de *fronts bastionnés*, tels que celui dont nous avons indiqué le tracé (n° 96), en parlant des ouvrages isolés; nous avons reconnu que ce système possédant un flanquement parfait et n'ayant pas d'angles morts, était de beaucoup supérieur à toutes les autres dispositions; nous ajouterons que l'on nomme *bastion*, l'espace enfermé par les faces adjacentes de deux fronts voisins et les flancs contigus à ces deux faces; là ligne entière tire son nom de ce qu'elle n'est autre chose qu'une série de bastions reliés deux à deux par des courtines; la seule inspection des lignes de tir, qui viennent toutes se croiser en avant de la courtine, démontre que, dans ce tracé surtout, cette partie rentrante est tout-à-fait inabordable. Cependant lorsqu'on y établit un passage (n°. 106), on la protège encore par une flèche que l'on place en avant et dont on appuie le prolongement des faces aux angles d'épaule sur lesquels, à cet effet, on construit un triangle équilatéral, ayant pour base la distance même de ces deux angles. Les faces de la flèche sont arrêtées à 4ᵐ environ du sommet de la contrescarpe sur laquelle elles se dirigent; et les faces des bastions adjacens, se trouvant presque perpendiculaires à ces directions, battent le fossé et protègent le secteur sans feux. D'ailleurs, si cet ouvrage avancé venait à être enlevé, il serait difficile de s'y maintenir, les feux de la courtine battant directement son intérieur, et les faces, l'extérieur; enfin, il ne livrerait même point le passage qu'il protège, car on a soin de n'établir sur le fossé de la courtine, qu'un pont mobile, susceptible d'être enlevé ou détruit dans un instant.

112. INCONVÉNIENT GÉNÉRAL DES LIGNES CONTINUES.— Il semble donc que les lignes bastionnées soient une fortification parfaite; cependant, de même que les précédentes, elles ont un grave inconvénient résultant de leur continuité même, et qui peut, sous ce rapport, les faire assimiler à la ligne droite. En effet, que l'ennemi parvienne à forcer un seul point de la ligne, il pourra aussitôt, tandis que l'attaque se continue, prendre à revers les défenseurs, et les fusiller sur leurs propres remparts; d'ailleurs un retranchement quelconque ne pouvant protéger qu'une faible partie en arrière de soi, ce genre de fortification n'est point propre à faciliter le mouvement des troupes, non plus qu'à permettre de vigoureuses sorties, puisque les passages ne laissent guère de place qu'à huit hommes de front tout au plus.

113. LIGNES A INTERVALLES.— *Les lignes à intervalles* ont pour but d'obvier à cette insuffisance, en détachant les unes des autres les diverses parties de la fortification, de telle façon que la possession d'un ouvrage n'entraine pas celle des ouvrages voisins, et que les troupes puissent aisément manœuvrer entre les intervalles. A cet effet, on dispose les ouvrages sur deux, trois, ou quatre lignes parallèles, sur lesquelles on établit les saillans des ouvrages.

Ces ouvrages sont de deux sortes : des lunettes pour le premier et le second rang, et des redans pour les derniers rangs. (pl. VII).

114. LEUR CONSTRUCTION.— Soit donc ZZ', la ligne sur laquelle nous nous proposerons d'établir les saillans des lunettes du premier rang ; supposons que la longueur des faces de ces lunettes soit de 50^m par exemple, celle des flancs de 25^m, et leur angle au saillant de 85° ; nous partagerons la ligne ZZ' en parties égales ou *fronts* de 200 à 300^m de longueur, et les points de division A, B, C, D, etc., seront les saillans des lunettes du premier rang. Alors, en menant aux points A, B, C, D, etc., des droites également inclinées sur ZZ', et comprenant entre elles l'angle donné de 85°, puis prenant sur ces droites, à partir du sommet de l'angle, des longueurs de 50^m, on obtient les faces de ces lunettes. Quant aux flancs, leur direction sera déterminée par la condition de battre le secteur sans feux du saillant voisin en respectant toutefois le parapet ; ainsi le dernier coup de feu parti du flanc adjacent à la face AE par exemple, devra raser le point *b* que nous supposerons le pied du talus extérieur au saillant B ; donc si l'on connaissait la ligne qui représente ce coup de feu, on n'aurait qu'à abaisser du point E une perpendiculaire sur cette droite ; or, du point E, comme centre, et avec un rayon de 25^m (longueur du flanc), décrivons un arc de cercle; menons par le point b une tangente à cette circonférence, et joignons le point F de tangence au point E; le rayon EF long de 25^m et perpendiculaire à la tangente bF, est lui-même le flanc que l'on voulait déterminer; nous répéterons la même construction au point G relativement au point a, et ainsi des autres, de manière que les ouvrages du premier rang se trouveront entièrement tracés.

Les lunettes du second rang sont assujéties à avoir leurs saillans sur les perpendiculaires abaissées du milieu des fronts du premier rang; nous supposerons que la longueur des faces est de 45^m, et celle des flancs de 20^m par exemple. Les faces doivent, en outre, remplir la condition de battre les fossés des faces des ouvrages adjacens au même front, sur le premier rang; et les flancs, de battre les secteurs sans feux des lunettes du premier rang des fronts voisins. Ainsi prolongeons, par exemple, AE et BG, les faces de la première lunette du second rang devront être perpendiculaires à ces prolongemens, et comme d'ailleurs elles doivent avoir une longueur de 45^m, en des points quelconques de ces prolongemens, nous élèverons, sur chacun, une perpendiculaire de 45^m; par l'extrémité de ces perpendiculaires, nous mènerons des parallèles aux prolongemens, jusqu'à leur commune rencontre avec la perpendiculaire au point A', qui est le saillant cherché; les faces seront alors les deux droites A'E', A'G', respectivement perpendiculaires aux prolongemens de AE et BG. En répétant cette construction relativement aux points B et C, puis aux points C et D, on obtiendrait, de la même manière, les faces des lunettes du second rang, ayant leurs saillans entre ces points respectifs.

Les flancs se déterminent de la même manière qu'il a été indiqué pour ceux des lunettes du premier rang; ainsi, par exemple, du point G' comme centre, et avec un rayon de

20^m *(longueur supposée des flancs)*, décrivons un arc de cercle, par le point c, menons une tangente CH′ à cet arc, et joignons G′H′ qui sera le flanc cherché, et ainsi des autres.

La troisième ligne, avons nous dit, se compose de redans, et leur destination est de battre les fossés des faces, et par-conséquent les secteurs sans feux des lunettes du second rang.

Leur détermination s'opère donc comme nous l'avons expliqué pour les faces de ces mêmes lunettes, remplissant le même objet à l'égard de celles du premier rang. De plus, leurs saillans se trouvent sur les capitales des ouvrages du premier rang. Ainsi, supposons les faces des redans de 30^m, prolongeons A′E′, élevons sur ce prolongement une perpendiculaire de 30^m; par son extrémité, menons une parallèle à A′E′, et prolongeons cette parallèle jusqu'à sa rencontre avec la perpendiculaire à ZZ′ passant au point A; le point de rencontre A″ est le saillant du premier redan, et l'on obtient la face de droite en abaissant A″E″ perpendiculaire sur A′E′ prolongé; la face gauche s'en déduit aisément, et en répétant la même construction relativement aux faces A′G, B′I, B′L,.... etc., on obtiendrait successivement les redans qui composent le troisième rang.

Nous terminerons cet exposé par une observation importante relativement aux fossés des lunettes du premier et du second rang; nous ferons remarquer que s'ils contournaient les flancs, les feux qui doivent battre le fossé des faces se trouveraient en grande partie arrêtés par le sol naturel conservé par cette disposition en avant des flancs; on prend donc le parti, comme dans les fronts bastionnés, de faire disparaître tont ce massif, en prolongeant directement la contrescarpe des faces; de cette manière, on obtient de plus l'avantage que les feux qui battent le fossé des faces, battent en même tems celui des flancs, puisque les deux n'en font plus qu'un.

115. **Des batteries considérées comme lignes.** — On appelle en fortification *batterie*, une ligne ou retranchement destiné à être occupé et défendu spécialement par de *l'artillerie*, soit *canons*, *obusiers* ou *mortiers*; or, cet objet peut être rempli de deux manières : tantôt les pièces de canon, reposant sur le sol naturel, tirent à travers une ouverture ménagée dans l'épaisseur du parapet, c'est ce qu'on nomme le *tir à embrâsures*; tantôt les pièces sont élevées au moyen d'un remblai analogue à la banquette, pour tirer par dessus le rempart, et c'est ce qui constitue le *tir à barbette*. Nous examinerons d'abord le premier cas; le second trouvera sa place lorsqu'il sera question des ouvrages fermés où l'artillerie peut être employée.

116. **Observations préliminaires.** — Nous commencerons par expliquer quelques changemens de dénomination : ainsi le parapet des batteries prend plus ordinairement le nom *d'épaulement*; l'intersection du plan de plongée (n° 61) et du talus intérieur se nomme *crête supérieure* de l'épaulement.

La hauteur de cette ligne au lieu d'être de 2^m, 50 n'est que de 2^m, 40 au-dessus du terre-plein de la batterie, terre-plein qui s'élève lui-même d'un décimètre au-dessus du sol naturel; enfin le talus intérieur se prolonge jusqu'au terre-plein de la batterie, ayant aussi 2^m, 40 de hauteur, et 0^m, 80 de base.

Nous ajouterons que la ligne suivant laquelle on veut établir ou diriger l'âme de la pièce se nomme *directrice de l'embrâsure*; lorsque cette ligne est perpendiculaire à la direction de l'épaulement, on dit que l'embrâsure *est directe*; lorsque la directrice est inclinée sur l'épaulement, l'embrâsure est dite *oblique*.

Afin d'arriver aisément à représenter l'embrâsure soit directe, soit oblique, nous construirons sur l'un des côtés du plan, un profil passant par exemple par la direction de l'embrâsure (pl. **VIII**). Cela posé, soit **BACD**, ce profil et **BB'**, **AA'**, **CC'**, **DD'** les projections horizontales respectives du pied du talus intérieur, de la crête intérieure, de la crête extérieure, et du pied du talus extérieur de l'épaulement.

117. Construction d'une embrasure directe a canon. — Nous remarquerons en premier lieu que la volée de la pièce se trouvant habituellement de 1^m, 20 à 1^m, 40 au-dessus du sol, il est inutile d'ouvrir l'épaulement dans toute sa hauteur ; on réserve donc à chaque embrâsure une hauteur d'épaulement de 1^m, à partir du sol, distance que l'on nomme *hauteur de genouillère*. Pour déterminer cette hauteur, prenons sur le plan vertical, à partir de la ligne de terre (**BD**) une longueur de 1^m, sur une perpendiculaire quelconque à cette ligne ; par l'extrémité de cette perpendiculaire, menons une parallèle à **BD** jusqu'à la rencontre du talus intérieur ; ce point de rencontre *g* est la projection verticale (ou profil) de la genouillère, dont nous aurons conséquemment la projection horizontale en menant *gg'* parallèle à **AA'**.

Rappelons actuellement que dans les lignes occupées par l'infanterie, nous avons donné au *plan de feu* une certaine inclinaison pour découvrir les approches du retranchement, et observons combien cette disposition est plus nécessaire encore ici, puisque dans le cas contraire, pour peu que la ligne de tir fît un certain angle avec le plan horizontal, les projectiles dégraderaient infailliblement le bord extérieur de l'embrâsure ; on dispose donc ordinairement le fond de l'embrâsure, ou *champ de tir*, parallèlement au plan de plongée ; ainsi la trace verticale de ce plan s'obtient en menant par le point *g* une parallèle à **AC** ; le point *e*, où cette parallèle rencontre la trace verticale (ou profil) du talus extérieur, est lui-même la trace verticale de l'intersection du champ de tir avec ce talus, ou autrement dit, du *bord* *extérieur de l'embrásure;* la projection horizontale de cette intersection s'obtient en menant *ee'* parallèle à DD'.

Il reste à représenter en projection horizontale la largeur de l'embrâsure dont FF' par exemple, est la directrice. Cette largeur est constante depuis le bord intérieur à la hauteur de genouillère (c'est-à-dire l'intersection avec le talus intérieur), jusqu'à l'intersection du champ de tir avec un plan vertical passant par la crête intérieure, et elle est fixée à 0^m, 30 de chaque côté de la directrice. Ainsi prenons Fa, et Fa'$=$0^m, 30 et menons *ah, a'h'* parallèles à FF', le rectangle *aha'h'* représente en projection horizontale, la première partie du fond de l'embrâsure. A partir de la crête intérieure, on évase l'embrâsure de la manière suivante: on prend sur la directrice, à partir de cette crête, une longueur de 6^m; au point F' ainsi déterminé, on élève sur la directrice une perpendiculaire sur laquelle on porte de chaque côté de F' une longueur de 1^m, 50, enfin on joint les points ainsi obtenus avec les extrémités du bord intérieur; le fond de l'embrâsure ou champ de tir, se trouve ainsi entièrement fixé par les droites *ca, c'a'* (ou plus rigoureusement par les droites *ba, b'a'*). Il ne reste plus qu'à déterminer les côtés de l'embrâsure, que l'on distingue sous la dénomination de *joues.*

On arrive à ce résultat, en imaginant par chacune des lignes qui limitent l'évasement, un plan incliné au tiers sur le plan horizontal; on détermine l'intersection de ce plan avec le talus extérieur, et on joint ce dernier point avec le point de l'embrâsure déjà déterminé sur la crête intérieure à 0^m, 30 de la directrice.

Il s'agit donc, en premier lieu, de mener par la droite *ab* par exemple, un plan incliné au tiers sur le plan horizontal; à cet effet (n° 38), nous prendrons le point *a* par exemple, pour sommet d'un cône, dont toutes les génératrices aient, sur le plan horizontal, l'inclinaison donnée $\frac{1}{3}$, c'est-à-dire dont le rayon de base soit $\frac{1}{3}$ de la hauteur ; or, le point a étant coté 1^m (puis qu'il est à la hauteur de genouillère), du point a comme centre, avec un rayon de $0^m, 33$, décrivons une circonférence, elle sera la trace ou la base du cône auxiliaire (n° 38) ; il ne reste plus qu'à mener par la droite ab un plan tangent à ce cône, et ce sera le plan cherché. Cherchons donc d'abord la trace de la droite ab ; cette droite est contenue dans le champ de tir, donc sa trace se trouvera à la rencontre de ab avec la trace TT' du champ de tir (n° 17), au point T ; menons actuellement Tr tangente à la circonférence a, nous avons la trace du plan demandé ; cette trace rencontre le pied (ou la trace) du talus extérieur au point l, qui appartient à l'intersection ; déjà le point b appartenant à la droite ab du plan incliné, et à la droite bb' du talus extérieur, est aussi un point de l'intersection des deux plans ; donc cette intersection n'est autre chose que lb, et nous pouvons la prolonger jusqu'à la rencontre de la crête extérieure au point d ; maintenant joignons dh, et nous avons la surface totale d'une joue comprise entre les quatre droites ab, hd, bd, ah, non situées dans le même plan deux à deux : on peut donc imaginer que cette surface est engendrée par la droite ab, par exemple, se mouvant parallèlement au champ de tir, en s'appuyant toujours sur les deux droites ah, bd (non situées dans le même plan), jusqu'à ce qu'elle occupe la position dh ; ainsi la joue n'est véritablement qu'une surface gauche régulière (n° 40). En répétant la même construction de l'autre côté de la directrice, on obtiendrait le même résultat. Ainsi on connait maintenant la construction d'une embrâsure directe pour canons.

118. DISTANCE DES EMBRASURES. — Nous observerons ici, que pour conserver à l'épaulement une consistance suffisante, il est nécessaire de placer à une certaine distance les unes des autres, les embrâsures qui l'affaiblissent ; cette distance est fixée à 6ᵐ, de directrice en directrice, la première directrice étant préalablement tracée à 3ᵐ de l'extrémité de l'épaulement. Le massif de terre qui reste ainsi entre deux embrâsures consécutives et qui protége en partie les canonniers, se nomme *merlon;* et on appelle *demi—merlon* celui compris entre la dernière embrâsure et l'extrémité de la batterie.

119. EMBRASURE OBLIQUE.— Pour fixer invariablement la détermination de cette distance de 6ᵐ, entre une embrâsure directe et une embrâsure oblique, on est convenu de prolonger la première à 7ᵐ en arrière du pied de l'épaulement; puis, de ce point P, on abaisse une perpendiculaire sur la direction de l'embrâsure oblique, et c'est sur cette perpendiculaire que l'on mesure la distance PP' de 6ᵐ, qui sépare les deux directrices; ainsi il ne reste plus qu'à mener par le point P', une droite P'P'', faisant avec AA' l'inclinaison que l'on veut donner à la pièce, et cette droite représente la directrice de l'embrâsure oblique.

Quant à la construction de cette embrâsure, elle s'effectue relativement à la droite P'P'' absolument de la même manière que celle de la précédente relativement à la droite FF', ainsi nous nous abstiendrons de revenir sur ces détails.

Pour déterminer la directrice d'une nouvelle embrâsure directe, on prendra sur la direction P''P' prolongée en arrière de l'épaulement, et à partir du pied de l'épaulement, une longueur de 7ᵐ diminuée de la distance de l'épaulement au heurtoir (nous verrons tout-à-l'heure ce que c'est que le heurtoir); on élève de même au point ainsi déterminé, une perpendiculaire que l'on prend égale à 6ᵐ, et l'extrémité de cette perpendiculaire est un point de la nouvelle directrice, et ainsi des autres.

120. EMBRASURE A OBUSIER. — L'embrâsure à obusier

diffère de l'embrâsure à canon par la détermination du champ de tir et par la construction des joues.

CHAMP DE TIR. — En premier lieu, le champ de tir, au lieu d'être parallèle à la plongée, se détermine par la hauteur du point à battre. On suppose à cet effet le canonnier placé à 1^m, 50 en arrière de l'épaulement, et son œil à pareille hauteur au-dessus du sol, ce qui sera figuré en élevant PP' = 1^m, 50 perpendiculaire à ZZ', et à 1^m, 50 en arrière du point T. Soit, actuellement O le point à battre, joignons le point O au point P', la droite P'O, représente le rayon visuel dirigé par le canonnier sur le point à battre. Ce rayon visuel rencontre le talus extérieur au point B, que l'on joint au point A, situé sur le talus intérieur à la hauteur de genouillère (n° 117); la droite AB est alors la projection verticale, ou pour parler plus rigoureusement, la trace du champ de tir sur le profil; nous en aurons la projection horizontale en menant A*a*, B*b*, parallèles à la direction de l'épaulement, parallèles qui représentent respectivement les bords intérieur et extérieur de l'embrâsure.

Le premier, de même que dans l'embrâsure à canon, a une largeur de 0^m, 30 de chaque côté de la directrice; mais à partir de ce point, l'embrâsure s'élargit immédiatement de manière à occuper sur la crête intérieure 0^m, 60 de chaque côté de la directrice; cet évasement sera donc représenté en menant les deux droites *ac*, *a'c'*. Le reste de l'évasement se mesure sur le bord extérieur même de l'embrâsure, en prenant sur cette horizontale, de chaque côté de la directrice, une longueur égale au quart de l'épaisseur du parapet; joignant ensuite les points *b* et *b'* ainsi déterminés aux points *a* et *a'*, le champ de tir se trouve limité.

121. JOUES — Les joues se déterminent en faisant passer par les deux droites *ab* et *ac* un plan dont on cherche l'intersection avec le talus extérieur et le plan de plongée; mais comme nous avons déjà un point (*b*) de la première intersection, et un point (*c*) de la seconde, il suffit de déterminer le point où le plan *bac* coupe la crête extérieure, qui est elle-même l'intersection des deux talus en question; nous avons déjà en B la projection verticale de ce point; il ne reste donc à trouver que sa projection horizontale. A cet effet, imaginons par la crête extérieure un plan parallèle au champ de tir; sa trace verticale sera **DF** parallèle à **BA** (n° 29); son intersection avec le talus intérieur sera la ligne F*g*; de plus, il coupera également le plan des joues, suivant une droite parallèle à l'intersection de ce même plan des joues avec le champ de tir (n° 29); *(en effet, ces deux intersections peuvent être considérées comme les traces sur le plan des joues, des deux autres plans parallèles)*. Or, le point *g* appartient évidemment à cette droite, donc, en menant *gd* parallèle à *ab*, nous avons l'intersection du plan auxiliaire et du plan des joues, droite qui conséquemment est située toute entière dans ce dernier plan; par suite, le point *d*, où cette droite rencontre la crête extérieure, appartenant et à cette crête et au plan des joues, est le point cherché où ce plan coupe la crête extérieure; donc enfin, joignant *cd* et *bd*, nous avons les intersections respectives du plan des joues, avec le plan de plongée et le talus extérieur.

122. Mortiers. — Quant aux mortiers, les projectiles qu'ils lancent, parcourant en sortant de la pièce une courbe ascendante, pour tomber ensuite d'une hauteur considérable sur l'emplacement que l'on veut atteindre, il n'est point nécessaire de construire des embrasures, à cause de l'inclinaison donnée à la ligne de tir; notre but n'étant pas ici d'expliquer le tir des différentes espèces de bouches à feu, nous nous abstiendrons d'entrer dans de plus grands détails à cet égard.

123. Plates-formes. — Le sol naturel étant généralement trop meuble pour supporter long-tems le poids des pièces, et surtout l'effet du recul, sans s'affaisser, on construit à l'emplacement que doit occuper chaque pièce, une *plate-forme* composée de pièces de bois que l'on dispose de la manière suivante :

POUR CANON ET OBUSIER. — On place en premier lieu le *heurtoir*, forte poutre de 2^m, 60 de longueur sur 22 centimètres d'équarrissage; il est destiné à arrêter les roues de la pièce, lorsqu'après le recul on la ramène contre l'épaulement; à cet effet, il est placé contre le pied du talus intérieur, perpendiculairement à la directrice qui le divise en deux parties égales; on remblaie et on dame fortement l'intervalle qui sépare sa partie supérieure du talus intérieur , afin qu'il ne soit pas sujet à basculer; on le fixe en avant au moyen de deux piquets enfoncés à ses extrémités contre sa face antérieure.

En arrière du heurtoir, et perpendiculairement à sa direction, se placent les *gîtes*, autres solives équarries de 4^m, 50 de longueur et de 15^c d'équarrissage ; on en emploie trois que l'on enterre dans des rigoles de même profondeur, disposées symétriquement par rapport à la directrice, et séparées par une distance de 0^m, 80 de milieu en milieu, la seconde ayant son milieu sur la directrice même; afin de diminuer le recul de la pièce en augmentant le frottement sous les roues, on donne aux gîtes une légère inclinaison vers l'épaulement.

Les gîtes sont ensuite recouverts par des *madriers* placés parallèlement au heurtoir, le premier contre lui, et les autres à la suite, et près à près, jusqu'à l'extrémité des gîtes ; leur longueur est de 3^m, 30 et parconséquent ils dépassent les gîtes de chaque côté de 0^m, 775, disposition qui a pour but de soustraire leurs extrémités à l'action immédiate du frottement qui les ferait promptement éclater. Leur épaisseur est de 5 à 6 centimètres; leur largeur de 32 centimètres; ainsi il en faut quatorze pour recouvrir toute la longueur des gîtes sur lesquels ils sont fixés avec des clous et des chevilles; le dernier est en outre maintenu par trois piquets enfoncés contre sa face libre à droite de chaque gîte.

Lorsque l'embrâsure est oblique, la plate-forme est construite de la même manière, avec cette seule différence que le heurtoir ne touche l'épaulement qu'en une de ses extrémités.

Les plates-formes, pour obusiers, sont les mêmes que celles pour canons.

124. Plate-forme a la prussienne.—Les plates-formes que nous venons de décrire étant très-pesantes, et exigeant une grande quantité de bois, on les remplace souvent par la disposition suivante, que l'on nomme *plate-forme à la prussienne*. Ces plates-formes se composent seulement du heurtoir, toujours placé de la même manière, de deux gîtes plus courts que les précédens et inclinés de 5 centimètres par mètre, destinés à supporter les roues, et de deux madriers solidement assemblés en arrière et au milieu de cet intervalle, sur un demi-madrier, et destinés à supporter la crosse de la pièce.

125. Plate-forme pour mortiers. — Les plates-formes pour mortiers sont formées de douze lambourdes ou solives de 2^m de longueur et de 22^c d'équarrissage; trois remplissent le rôle de gîtes, on les enterre dans des rigoles creusées à cet effet, à 2^m en arrière de l'épaulement et perpendiculairement à sa direction; les neuf autres sont placées parallèlement à l'épaulement, à la suite les unes des autres et jointives; elles sont assujéties, en cette position, par trois piquets placés devant et derrière, à l'extrémité de chaque gîte, comme dans le cas précédent, et composent ainsi un carré de deux mètres de côté.

126. Ouvrages fermés. — Nous allons maintenant passer à l'examen de la troisième classe d'ouvrages (n° 89) que nous avons compris sous la dénomination *d'ouvrages fermés*. La forme la plus simple que puisse affecter un ou—

vrage fermé, est le *triangle*, et pour satisfaire à la première condition imposée aux ouvrages quelconques (n° 79), le triangle doit être équilatéral (les angles sont donc de 60°), sans quoi l'un des angles, au moins, serait moindre de 60°; toutefois, cette forme d'ouvrage n'est point usitée, parce que, sur un grand développement, elle n'offre qu'une très-petite surface intérieure, et conséquemment ne peut contenir une garnison capable de la défendre efficacement. Nous passerons donc au *carré*, forme plus particulièrement affectée par les *redoutes*, dont nous décrirons deux espèces : la *redoute simple*, dont les faces sont les côtés mêmes du carré, et la *redoute bastionnée*, formée par quatre fronts bastionnés construits sur chaque côté du carré (pl. IX).

127. Redoute carrée simple.— On dispose généralement une *redoute carrée simple*, de manière que l'une des faces au moins soit mieux couverte que les autres, et autant que possible, que l'ennemi ne puisse amener de l'artillerie de ce côté. Le parapet de cette face n'étant donc exposé qu'aux feux de mousqueterie, on pourra en réduire l'épaisseur, ce qui évitera une partie du travail.

Nous nous occuperons d'abord du raccordement de cette face avec les deux autres qui l'avoisinent, et comme ce raccordement est le même des deux côtés, nous n'en examinerons qu'un seul. (*Voir pour les détails la planche X*).

128. Raccordement des faces. — Soit donc A l'intersection des lignes de feu des faces AA', AA''; BB', CC' les lignes de plongée respectives de ces mêmes faces, cherchons d'abord l'intersection des plans de plongée; ces deux plans étant également inclinés, nous savons (n° 32 et 82) que leur intersection divise en deux parties égales, l'angle de deux horizontales situées à la même hauteur, parconséquent l'angle A'AA'' des deux lignes de feu; le point C, où cette bisectrice AC rencontre le bord de la plongée CC', est le dernier point commun aux deux plans de plongée; le plan de feu de la face AA' coupe donc aussi le talus extérieur de la face AA''; déjà nous avons un point C de cette intersection appartenant à la crête de ce talus; pour trouver celui qui appartient à la crête BB', nous allons chercher l'intersection des deux talus extérieurs; de même que précédemment, ces deux plans étant également inclinés, leur intersection divise en deux parties égales l'angle de leurs traces; ainsi divisons l'angle D'DD'' en deux parties égales, la bissectrice DB est l'intersection des deux talus extérieurs; en outre, le point B appartenant au plan de plongée de la face AA', et en même tems au talus extérieur de la face AA'', est un point de l'intersection des deux plans; déjà le point C en est un autre, donc on obtient cette intersection en joignant BC.

L'escarpe et la contrescarpe étant aussi supposées également inclinées sur les deux faces, on obtient leur intersection de la même manière, en prolongeant, jusqu'à leur rencontre, les traces de ces plans, et divisant leur angle en deux parties égales; et quand bien même ces inclinaisons ne seraient point égales, ces intersections s'obtiendraient également en joignant les points de rencontre des traces sur le plan horizontal et sur le fond du fossé.

129. GLACIS. — Pour en finir immédiatement avec la forme extérieure du retranchement, nous observerons que, souvent pour battre plus efficacement les abords directs du fossé sans incliner davantage la plongée, disposition dont nous avons reconnu le vice (n° 61), on ajoute, en avant du fossé, un remblai d'une hauteur variable, mais telle que le plan de feu en découvre le pied et en balaie toute la surface; on soutient ce remblai du côté du fossé par un talus à 45°, dont la base est la crête même du talus de contrescarpe; du côté de la campagne, on lui donne une pente beaucoup plus douce, habituellement la même que celle du plan de feu. Ce remblai, qu'on nomme *glacis*, contourne les trois faces exposées, mais on l'établit rarement en avant de la quatrième ; on l'arrête au contraire le plus ordinairement par un talus à 45°, ayant sa base sur le prolongement de la contrescarpe de cette face.

130. Emploi de l'artillerie. — Les différens ouvrages que nous avons considérés jusqu'à présent, offrent une succession de saillans et de rentrans qui se protègent mutuellement ; nous les avons supposés occupés uniquement par de l'infanterie, qui, à la rigueur, suffit pour les défendre, lorsque les diverses parties en sont convenablement disposées ; il n'en est plus de même dans une redoute simple, où le flanquement n'existe pas, et qui offre quatre secteurs sans feux que rien ne protège. Aussi pour peu que l'ouvrage soit de quelque importance, il devient nécessaire d'y joindre de l'artillerie dont la place est particulièrement aux angles.

Nous avons déjà indiqué comment l'artillerie pouvait être employée à l'aide des embrâsures ; mais ici cette disposition serait loin d'être avantageuse. Car, outre l'affaiblissement qui en résulterait pour la face où les embrâsures seraient pratiquées (n° 118), non seulement par la diminution de résistance du parapet, mais encore par la difficulté de placer des fusiliers pour défendre les intervalles, on aurait encore l'inconvénient de laisser ainsi de dangereuses ouvertures par où les projectiles ennemis pourraient porter, jusques dans l'intérieur de l'ouvrage, le désordre et la mort. On préfère donc exhausser le terrain suffisamment aux saillans de la redoute, pour que les bouches à feu puissent tirer par dessus le rempart, ce qui constitue, avons nous dit, le *tir à barbette*.

Une pièce placée à l'angle, s'établit ordinairement sur la bisectrice de cet angle ; on dit alors qu'elle est *en capitale ;* le remblai se nomme *plate-forme*. Pour faciliter le service, permettre de monter ou descendre la pièce, etc., on joint à la plate-forme un autre remblai en pente douce, nommé *rampe*, et placé soit en capitale, soit sur l'un des côtés de la plate-forme.

Nous allons en premier lieu décrire la construction d'une barbette pour une seule pièce placée en capitale, avec une rampe dans la même position.

131. Construction d'une barbette. — L'objet d'une pièce en capitale étant de battre le secteur sans feux, on conçoit que la première attention doit être de faire disparaitre en partie le saillant, qui d'ailleurs s'oppose à la manœuvre de la pièce; on remplace cet angle par une droite perpendiculaire à la bisectrice, élevée à 2^m du saillant, et ayant pareille longueur de 2^m de chaque côté, jusqu'à sa rencontre avec les lignes de feu des deux faces; la portion *aa* de cette perpendiculaire comprise entre ces deux lignes de feu, constitue ce qu'on appelle *le pan coupé*, qui forme la nouvelle crête de l'épaulement dans cette partie. L'inclinaison de la plongée du pan coupé est la même que celle des faces **A** et **B**; ainsi l'intersection de cette plongée avec chacune des deux autres, se détermine aisément en divisant l'angle des crètes supérieurs en deux parties égales par les deux droites *ac*, *ac*; pour ne pas changer tout le tracé du saillant, on ne fait point de talus extérieur à ce pan coupé, dont on prolonge au contraire le plan de plongée jusqu'à la rencontre des talus extérieurs des deux faces voisines, talus que l'on conserve; il s'agit donc de déterminer ces intersections dont nous avons déjà un point *c*; pour en trouver un second, nous chercherons de préférence le point de rencontre des traces de ces plans. Nous avons déjà la trace (ou le pied) des talus extérieurs; un raisonnement bien simple nous fera trouver celle du plan de plongée passant par la droite *aa*; la ligne *ss'* étant perpendiculaire à l'horizontale *aa* de ce plan, peut être considérée (n° 27) comme sa ligne de plus grande pente; il suffit donc de trouver le point coté zéro;

or, le plan, et parconséquent cette droite qui mesure sa pente, sont inclinés de $\frac{1}{6}$, c'est-à-dire (n° 61), que la base est égale à six fois la hauteur ; la hauteur est 2ᵐ, 50 ; la base est donc six fois 2ᵐ, 50 ou 15ᵐ ; donc, prenant $sS =$ 15ᵐ, on aura en S le point coté zéro et appartenant à la trace du plan aa ; et nous obtenons la trace de ce plan (n° 26) en menant par ce point une parallèle bb à l'horizontale aa ; prolongeant ensuite les pieds des talus extérieurs jusqu'à leur rencontre avec cette parallèle aux points b, b, nous avons deux points appartenant aux intersections respectives de la plongée du pan coupé avec les talus extérieurs des deux faces A et B, et joignant ces points aux points c, c déjà obtenus ; les droites bc, bc représentent les intersections, qui sont terminées d'ailleurs à leur commune rencontre en B avec l'intersection des deux talus.

132. PLATE-FORME. — Nous avons établi en principe que pour la sûreté du service on ne devait laisser, en avant de la pièce, qu'une hauteur de 1ᵐ ou environ, qu'on nomme, dans les embrâsures, hauteur de genouillère ; la même condition existant toujours pour les pièces en barbette, la *plate-forme* doit donc être élevée de 1ᵐ, 50 au-dessus du sol de la redoute ; quant à sa largeur, elle s'obtient en prenant sur la capitale, une longueur $ss' = 7$ᵐ, et abaissant du point s' deux perpendiculaires sur les faces A et B. Les deux côtés $s'd'$, $s'd'$ sont soutenus chacun par un talus que l'on fait ordinairement à 45°, pour qu'il puisse résister à la poussée occasionnée par le poids de la pièce, la secousse de l'explosion et l'effet du recul ; ainsi la base de ce talus étant de 1ᵐ, 50 comme la hauteur, on en aura la trace en menant à 1ᵐ, 50 des deux droites $s'd'$, $s'd'$, deux parallèles à ces droites. Le talus intérieur en arrière, tant du pan coupé, que de la partie des faces A et B appartenant à la plate-forme, n'ayant plus que 1ᵐ de hauteur et conservant son inclinaison de $\frac{1}{3}$, on en obtient la trace en menant une pa-

rallèle à la ligne brisée $d'aad'$ à 0^m, 33 de celle-ci, et arrêtant cette parallèle aux extrémités des bords intérieurs
de la plate-forme. Pour compléter le tracé, il faut actuellement trouver le raccordement des talus à 45° de la plate-
forme, avec les talus intérieurs, banquettes et talus de
banquette des faces adjacentes A et B. Or, la banquette
étant horizontale, son intersection avec le talus de la plate-
forme sera (n° 29) une horizontale parallèle à la trace de
ce talus, ou ce qui revient au même, à la droite $s'd'$; de
plus, la banquette étant cotée 1^m, 20, se trouve à 0^m, 30 au-
dessus de la plate-forme ; l'horizontale d'intersection est
donc à pareille distance verticale de la crête $s'd'$ du talus de
la plate-forme, et comme ce talus est incliné à 45°, l'intersection cherchée se trouve aussi à 0^m, 30 de distance horizontale de $s'd'$; déjà nous savons que cette intersection est
parallèle à $s'd'$, donc menant ef parallèle à $s'd'$ et distant de
cette droite de 0^m, 30, nous avons la projection de cette intersection que nous bornerons aux points e et f situés sur
les deux droites qui limitent la banquette. Nous remarquerons actuellement que le point e du talus de la plate-forme
appartient également au talus intérieur de la face A, sur la
trace duquel il est situé, et par suite, il appartient à l'intersection des deux talus ; déjà nous avons vu plus haut que le
point d' est aussi un point de cette intersection ; donc on
l'obtient en joignant $d'e$. Enfin le point f étant situé sur la
crête du talus de banquette et sur le talus de la plate-forme,
et les traces de ces deux talus se rencontrant au point g, gf
représente l'intersection de ces deux talus.

133. **RAMPES EN CAPITALE.** — La largeur habituelle de
la *rampe* est de 3^m, quantité suffisante pour que les pièces
puissent, sans danger, monter jusqu'à la plate-forme ou en
descendre ; son inclinaison varie du quart au huitième *(la
hauteur, le quart ou le huitième de la base)* ; toutefois une
base de cinq fois la hauteur suffit généralement aux exigen-

ces du service; plus raide, la rampe devient pénible pour
les hommes qui ont constamment à la parcourir, et l'établissement des pièces est une opération laborieuse ; plus inclinée, elle prend une place trop considérable dans l'intérieur
de la redoute, et conséquemment elle embarrasse les mouvemens. Elle est soutenue des deux côtés par un talus ordinairement à 45°, vu les nombreuses causes de dégradations auxquelles elle est sujette.

Pour obtenir la projection de la rampe en capitale, nous
prendrons sur la bisectrice une longueur $s'h' = 1^m, 50$, et
par le point h' nous mènerons une parallèle à aa; les points
h, h, de rencontre de cette parallèle avec les deux droites
$s'd'$, $s'd'$, comprennent bien entre eux une largeur de 3^m,
qui est celle de la rampe. Cette droite hh qui en est la crête
étant cotée 1^m, 50, si nous supposons la rampe inclinée à $\frac{1}{5}$,
nous en aurons la trace en prenant $h'h'' = $ cinq fois 1^m, 50
ou 7^m, 50, et menant par le point h'' une parallèle à hh; enfin menant hl, hl, parallèles à la bisectrice, le rectangle $hhll$
représente la projection du terre-plein de la rampe. Il
s'agit maintenant de déterminer les talus, dont on a déjà du
reste la crête hl; cette question revient évidemment au
problème démontré dans l'introduction (n° 38), et appliqué
déjà précédemment dans la construction des embrâsures à
canons; ainsi nous prendrons le point h (position réelle),
pour sommet d'un cône droit dont le rayon de la base soit
égal à la hauteur *(ce qui donnera, pour les génératrices, l'in-*
clinaison de 45°), et par la droite hl, nous mènerons un plan
tangent à ce cône. A cet effet, du point h (projection) comme
centre, et avec un rayon de 1^m, 50, nous décrirons une circonférence qui sera la trace du cône, et par le point l, trace
de la droite donnée hl, nous lui mènerons une tangente qui
sera la trace du plan tangent, et par suite du talus cherché.
Quant à l'intersection de ce talus avec celui de la plate-
forme, le point h en est déjà un point; le point n de ren-

contre de leurs traces en est un autre ; ainsi *hn* est cette intersection.

134. RAMPE ADOSSÉE A UNE FACE. — Nous avons déjà signalé l'inconvénient de cette disposition, qui, faisant occuper à la rampe une partie de l'intérieur de l'ouvrage, gêne ainsi les mouvemens dont il est cependant essentiel, pour une bonne défense, de conserver la liberté. On y remédie en construisant la rampe le long d'une des faces, et on a ainsi l'avantage, dans le cas où la plate-forme serait destinée à recevoir plusieurs pièces, de pouvoir établir deux rampes indépendantes l'une de l'autre, et ne gênant en rien le service ou les communications de l'intérieur. Voici le détail de cette disposition qui est d'ailleurs plus fréquemment employée que la première.

La crête de la rampe se confond avec le bord *s'd'* de la plate-forme, et sa trace s'obtient, comme précédemment, en menant une parallèle à *s'd'*, à 7ᵐ, 50 de cette droite. Afin de ne point empiéter sur la banquette que restreint déjà suffisamment la plate-forme, on considère la droite *fl* comme l'intersection du talus de banquette avec le talus à 45° (*voyez plus haut*) qui soutiendrait la rampe de ce côté ; on aura donc toujours les données suffisantes pour la résolution du problême (n° 38), savoir, la droite *fl* appartenant au plan cherché, et l'inclinaison 45° de ce plan. Ainsi du point *f* (projection) comme centre et avec un rayon de 1ᵐ, 20 , cote du point *f* (position réelle), décrivons une circonférence, et par le point *l*, trace de la droite donnée *fl*, menons-lui une tangente ; cette droite serait la trace horizontale du talus de la rampe ; le point *n* où elle rencontrerait la trace prolongée du talus de la plate-forme, serait un point de l'intersection des deux talus ; déjà le point *f* en est un autre ; donc, cette intersection (*en dessous de la banquette*) serait représentée par *nf*, et la partie réelle de cette intersection (*au-dessus de la banquette*), s'obtient en prolongeant *nf* jusqu'à sa rencontre avec $s'd'$, ce qui donne fh. Le point h appartenant à la crête de la rampe et à son talus, est évidemment un point de la crête de ce talus, que l'on obtient conséquemment en joignant hl. On prend ensuite $hh' = 3^m$ pour avoir la largeur de la rampe, on mène $h'l'$ parallèle à hl, et le reste s'achève comme dans le cas précédent.

135. PLATE-FORME POUR PLUSIEURS PIÈCES. — Toutes les constructions précédentes sont également applicables, soit au cas où l'on n'aurait qu'une pièce à mettre en batterie, soit à celui où l'on voudrait établir plusieurs bouches à feu pour défendre quelque point particulier en avant du retranchement. La seule différence consiste dans les dimensions de la plate-forme, qui doit nécessairement s'étendre de manière à supporter les pièces que l'on veut placer sur les faces voisines du saillant. A cet effet, à partir du bord intérieur de la première plate-forme, on porte sur la face où l'on veut établir de l'artillerie, une longueur de 5^m pour chaque pièce, et tout le reste s'opère comme il a été expliqué plus haut.

136. DE LA COUPURE DESTINÉE A CONSERVER DES COMMUNICATIONS EXTÉRIEURES. — Nous avons déjà dit succinctetement (n° 106) de quelle manière on pouvait s'assurer des communications avec l'extérieur, soit pour protéger les sorties, soit pour tout autre motif; nous avons retardé jusqu'ici le détail des dispositions employées, afin que l'on fût mieux initié par des constructions précédentes, à celles que nécessite cette partie; et maintenant qu'un emploi fréquent des cotes et des projections nous a aidé à résoudre plusieurs questions qui semblaient au premier abord assez épineuses, celle-ci n'offrira probablement aucune difficulté.

Les explications suivantes s'appliqueront d'ailleurs à tous les ouvrages où l'on est dans la nécessité de pratiquer une *coupure* dans la masse couvrante, pour s'assurer des communications avec l'extérieur. La largeur du passage est variable suivant l'importance de l'ouvrage ; mais elle ne peut être moindre de 2ᵐ, 50 à 3ᵐ ; sans quoi il serait impossible d'en faire usage pour le service des voitures, telles que caissons, bouches à feu, fourgons, etc., qu'il peut être indispensable d'entrer dans l'ouvrage ou d'en retirer. Les terres sont soutenues de chaque côté par un talus habituellement au tiers et même plus raide, et gazonné s'il est nécessaire. *(On fait cette inclinaison aussi raide que possible, afin de ne pas augmenter dans la partie supérieure l'ouverture qui existe déjà sur le sol).* Quant à la projection de ces talus de soutien, on l'obtiendra absolument de la même manière que celle du talus de terminaison dans un ouvrage ouvert (nᵒ 74). Le plus souvent, on se borne à jeter un pont mobile sur le fossé qui est alors continué dans toute sa longueur ; mais quelquefois, lorsqu'on est pressé par le tems, on interrompt le fossé dans une largeur égale à celle du passage, et l'on évite un déblai assez considérable ; toutefois, on conçoit que cette disposition ne pourra s'exécuter sûrement que sur une partie de l'ouvrage moins exposée que les autres, telle par exemple que nous avons supposée la quatrième face de la redoute simple ; dans tous les cas, on aura soin de fermer le passage par une forte barrière, pour la description de laquelle nous renvoyons au chapitre des défenses accessoires.

137. TRAVERSE POUR PROTÉGER LE PASSAGE. — Cette barrière du reste ne serait qu'un faible obstacle, si l'on n'avait soin, comme nous l'avons dit plus haut (nᵒ 111), d'en protéger les approches par une *traverse* placée en arrière de la face où est pratiquée la coupure, et parallèlement à cette face dont elle est distante de 4 à 5ᵐ, pour faciliter le tournant des voitures. Outre ce premier but, que l'on atteint en garnissant la traverse d'un certain nombre de fusiliers, elle est encore destinée à préserver l'intérieur de l'ouvrage des coups de feu qui pourraient pénétrer par la coupure ; elle doit donc avoir la longueur nécessaire pour remplir complètement cet objet. Or, si on laissait le passage simplement terminé par les deux talus dont nous venons de parler, quelle que soit leur raideur, il arriverait souvent que la traverse aurait une longueur démesurée, et qu'elle occuperait une place énorme dans l'intérieur de la redoute. En effet, supposons un coup de feu parti obliquement de la campagne à la hauteur de 1^m, 50, et venant raser le parapet au point a, par exemple, et le talus intérieur au point b *(ces deux points bien entendu étant eux-mêmes à la cote* 1^m, 50 *)*. La droite TT, représentant la ligne de feu de la traverse, cette traverse, pour servir efficacement, doit s'étendre au moins de 0^m, 50 au-delà du point où ce coup de feu prolongé viendrait la rencontrer; mais ce coup de feu n'arriverait même pas jusqu'à la traverse, s'il n'était tiré qu'à la hauteur de 1^m à 1^m, 20, puisqu'il se trouverait alors arrêté par le terre-plein de banquette; donc *vice versâ*, si la banquette, au lieu de n'avoir que 1^m, 20, s'élevait, en cet endroit, au-dessus du point b, la balle se trouverait arrêtée déjà par cet obstacle, et dès lors il ne serait plus nécessaire de prolonger la traverse jusqu'à la rencontre d'un coup de feu qui ne peut y parvenir. En conséquence, si, de chaque côté de la coupure, nous élevons ainsi la banquette à la place du talus extérieur, non pas seulement à 1^m, 50, mais à la hauteur même de la ligne de feu, pour qu'elle arrête aussi les feux de la cavalerie, et si nous la prolongeons en outre dans tout l'espace occupé précédemment par le talus de banquette, la direction du coup de feu extrême sera considérablement redressée, et par suite, la longueur de la traverse réduite proportionnellement. On arrive à ce résultat en construisant de chaque côté de la coupure une petite plate-forme de même élévation que la ligne de feu, sur laquelle elle occupe une largeur de 1^m; pour lui donner plus de consistance, on la soutient de tous côtés par des talus à $\frac{1}{3}$, gazonnés s'il est nécessaire; enfin, son épaisseur est fixée de telle sorte que le talus qui la soutient intérieurement ait pour trace, la trace même du talus de banquette. En voici le détail sur un des côtés, la construction étant identiquement la même pour l'autre. Soit donc c, le point où s'arrête la ligne de feu, coupée par le talus latéral; en ce point menons une horizontale cd, perpendiculaire à la ligne de feu et à la même cote 2^m, 50; cette horizontale limite la plate-forme de ce côté. Pour déterminer la longueur, ou ce qui revient au même, l'épaisseur de la plate-forme, nous rappellerons que cette plate-forme est soutenue de tous côtés par des talus à $\frac{1}{3}$; en conséquence, le talus de la partie qui s'appuie sur la trace même du talus de banquette, ayant même inclinaison que le talus latéral extérieur, l'intersection de ces deux talus s'obtient en divisant en deux parties égales l'angle de leurs traces ef et fg (n° 32); de plus, le point d où cette bisectrice rencontre l'horizontale cd appartenant au talus de la face intérieure de la plate-forme, est l'extrémité du côté extérieur cd; ainsi menons dh parallèle à la ligne de feu cx, prenons cl et $dh =$ 1^m, et joignons hl, le rectangle $cdhl$ représente la partie supérieure de la plate-forme. Actuellement divisons en deux parties égales l'angle des deux horizontales de même cote dh et hl (n° 33), la bisectrice hg représente l'intersection des deux talus à $\frac{1}{3}$ menés par ces deux droites; de même la bisectrice li de l'angle hlx représente l'intersection du talus intérieur de la face cx avec le talus latéral intérieur passant par l'horizontale hl; par suite, ir parallèle à cette horizontale, est l'intersection de ce dernier talus avec le plan horizontal de la banquette, et enfin nous obtiendrons l'intersection de ce même talus latéral avec celui de la banquette en joignant gr.

On voit clairement maintenant que le coup de feu qui ra sait tout-à-l'heure le talus extérieur à la hauteur de 1^m, 50, est complètement arrêté par la plate-forme, et qu'une balle, pour pénétrer dans l'intérieur, devrait prendre la di-

rection *ab'*, rasant l'arète *df* des deux talus *cd* et *dh*; parconséquent la longueur de la traverse serait limitée au point
T où ce coup de feu extrême vient rencontrer la ligne de
feu de la traverse; toutefois plus de sûreté eu égard
aux dégradations qui peuvent survenir de part et d'autre, on
la prolonge encore de 0^m, 50, quelquefois même de 1^m, et
elle remplit alors parfaitement le but qu'on se propose.

Quant au tracé même de la traverse, il est inutile d'y
revenir puisque ce n'est autre chose qu'une portion de retranchement en ligne droite, auquel on donne la même
épaisseur qu'à la face dont il doit protéger l'ouverture.
Nous ne parlerons pas davantage du profil de l'ouvrage,
attendu qu'on l'obtiendrait comme tous ceux dont il a été
déjà question.

138. Redoute carrée bastionnée. — La redoute carrée
simple que nous venons de décrire étant totalement dépourvue de flanquement, on conçoit que la longueur de ses
faces doit être généralement assez restreinte, puisque leur
étendue même fait leur faiblesse; il n'en sera pas de même
si on substitue à la ligne droite qui les forme, un tracé
bastionné qui possède au plus haut degré les avantages du
flanquement; les côtés du carré pourront alors s'étendre
dans les limites de la portée des armes, c'est-à-dire de
150 à 200 ou même 250^m, si les feux de mousqueterie sont
seuls employés, et jusqu'à 300^m, dans le cas où l'artillerie
viendrait coopérer à la défense (voir à la 3e partie). Des
ouvrages d'une pareille étendue, susceptibles d'une résistance
opiniâtre, tant par leur force naturelle que par la garnison
importante qu'ils peuvent recevoir, prennent généralement
le nom de *forts*, attendu que seuls ils peuvent occuper
fortement une position, ce qu'on pourrait difficilement
attendre d'une simple redoute. Le carré d'ailleurs est loin
d'être l'unique forme qu'ils affectent, car on construit avec
avantage des *forts bastionnés* sur des *pentagones*, *hexagones*,
etc.

Nous renverrons à la troisième partie pour préciser quelle est, dans ces différens cas, l'ouverture de l'angle saillant, et comme tous les détails de ce tracé nous sont déjà connus, nous nous bornerons ici à développer les considérations déjà mises en avant (n° 96), relativement au *déblai de l'espace situé en avant de la courtine*. (pl. X).

139. DU DÉBLAI EN AVANT DE LA COURTINE. — Soit donc ABCDEF, la ligne de feu d'un front quelconque, *abcdef*, le pied du talus de contrescarpe contournant les flancs et la courtine ; il s'agit de disposer le massif *bcde*, de manière qu'il ne puisse gêner en rien l'action des flancs sur le fossé du flanc et de la face opposée. Considérons par exemple le plan de feu passant par le flanc DE (*ce que nous dirons de ce flanc s'appliquant identiquement à l'autre*) ; la droite DE étant horizontale, la trace de ce plan sur le le fond du fossé lui sera parallèle (n°s 26 et 31). En supposant la profondeur du fossé de 3^m, et la plongée inclinée à $\frac{1}{6}$, cette trace serait à une distance de 6 fois 5^m, 50 ou de 33^m, 50 de DE ; et rigoureusement il semble qu'on doive enlever tout ce qui se trouve au-dessus de ce plan ; néanmoins, on apporte une première modification à cette construction, en reculant la trace de la plongée jusqu'à une parallèle à DE menée par le point *c* ; le plan ainsi déterminé par les deux droites *cc'* et DE, découvre aussi bien que le précédent, le fossé du flanc BC et celui de la face AB ; un profil expédié suivant DB perpendiculaire à DE donne une idée exacte de la diminution de déblai qui en résulte, mais pour abréger autant que possible, nous nous abstiendrons d'indiquer la construction qui n'offre d'ailleurs aucune difficulté.

Toutefois une réflexion bien simple va nous fournir le moyen de diminuer encore ce déblai. En effet, supposons un homme placé en un point quelconque de la droite *cc'* ; son corps tout entier sera en butte aux coups de feu partis du flanc DE ; or, l'objet essentiel que l'on se propose, n'est pas tant de pouvoir atteindre l'assaillant dans toute sa hauteur, que de lui ôter toute possibilité d'échapper aux feux du retranchement en s'établissant derrière un obstacle. On pourrait donc conserver au-dessus de la droite cc', une certaine élévation de terre, pourvu que cette élévation ne puisse permettre à un homme de s'abriter derrière, pour risposter avantageusement aux défenseurs ; la hauteur en a été fixée à $0^m,50$, parce qu'un homme ne peut se mettre à couvert et même imparfaitement derrière une pareille élévation, qu'en se couchant à plat-ventre le long de la droite cc'; et si d'une part un assaillant dans une pareille position est peu redoutable, de l'autre, le nombre de ceux qui la prendraient est si restreint, qu'ils ne seraient nullement à craindre, d'autant plus qu'au moindre mouvement ils seraient accablés d'une grêle de balles. Ainsi on prend la droite cc' pour pied d'un talus à $45°$, auquel on donne une hauteur de $0^m,50$; nous avons la projection de la crête de ce talus, en menant à pareille distance de $0^m,50$ une parallèle à cc' ; c'est alors par cette droite gg' et par DE que l'on fait passer le plan définitif au-dessus duquel tout doit disparaître.

140. RACCORDEMENT DES FACES AVEC LE TALUS DU MASSIF. — Il s'agit actuellement de trouver le *raccordement* de cette disposition avec les diverses parties qui l'avoisinent. Pour procéder par ordre, nous chercherons d'abord l'intersection du talus à $45°$ avec la contrescarpe prolongée de la face AB; le point b où se rencontrent les traces de ces deux plans, est évidemment un point de cette intersection ; de plus, l'horizontale gg' rencontrera sur le talus de contrescarpe une horizontale ayant la même cote $0^m,50$; or, la différence de cote entre le pied ab, et la crête $a'b'$, du talus de contrescarpe étant de 3^m (profondeur du fossé), ou de 6 fois $0^m,50$, on aura la projection de l'horizontale cotée $0^m,50$, en prenant, à partir du pied de la contrescarpe, $\frac{1}{6}$

de la distance totale entre ab et $a'b'$, et menant par le point ainsi déterminé une parallèle à ces deux droites ; cette parallèle rencontre gg' au point h, qui appartient à l'intersection du talus de contrescarpe avec le talus à 45° ; donc, nous avons cette intersection en joignant $c'h$. On obtient de la même manière l'intersection cg, de ce même talus à 45° avec la contrescarpe de la courtine, et il ne reste plus qu'à opérer de même relativement au plan des deux droites gh et DE.

141. FORME DÉFINITIVE DE CE MASSIF. — Remarquons en premier lieu que le point h de ce plan, est un point de son intersection avec le talus de contrescarpe, et qu'il nous suffit conséquemment d'avoir un autre point de cette intersection ; raisonnant par analogie, nous chercherons de préférence le point de rencontre des traces de ces deux plans sur le terrain ; nous avons déjà celle du talus de contrescarpe en prolongeant $a'b'$; il s'agit donc de trouver seulement celle du plan DEgh. Mais la droite DB, perpendiculaire à DE, peut être considérée (n° 27) comme la ligne de plus grande pente de ce plan, et par suite la portion De', servir d'échelle de pente ; en effet, l'une de ses extrémités D, étant cotée 5^m, 50 (au-dessus du fond du fossé), et l'autre e', 0^m, 50, la différence totale des cotes entre ces deux points est de 5^m. Si donc on divise De' en cinq parties égales, les points de division intermédiaires porteront les cotes 1^m, 50 ; 2^m, 50 ; 3^m, 50 ; et 4^m, 50 ; donc le milieu i de l'intervalle entre les points 2^m, 50 et 3^m, 50, portera la cote 3^m, c'est-à-dire qu'en ce point la droite D percera le terrain (*puisqu'il est, comme on sait, à la cote 3^m au-dessus du fond du fossé*). En d'autres termes, le point i étant la trace sur le terrain de la droite De' du plan en question, appartient à la trace de ce plan (n° 17), que par suite nous obtenons en menant il parallèle à l'horizontale DE (n° 26). Le point l où cette trace rencontre celle du talus de contrescarpe, est le point cherché de l'intersection des deux plans ; ainsi joignons *hl,* nous avons cette intersection.

Nous observerons en terminant, que les mêmes constructions répétées sur l'autre flanc, donneraient le même résultat isolé ; mais que dans le tracé bastionné, toutes les parties et notamment les dispositions que nous venons d'indiquer, étant symétriques par rapport à la perpendiculaire qui divise le front en deux parties égales, les deux contrescarpes des faces, les deux plans passant par les flancs, et les deux portions restantes de la contrescarpe de la courtine, se coupent nécessairement sur cette perpendiculaire ; elle forme ainsi, en cet endroit, une arête saillante, sur laquelle viennent se croiser les feux des flancs, et qui battue de plus par les feux directs de la courtine, rend cette partie tout-à-fait inabordable.

142. Forts et fortins. — Nous avons déjà vu plus haut (n° 138) quels étaient les ouvrages que l'on comprenait sous la dénomination de *forts*; nous avons dit en même tems qu'on pouvait les établir sur divers polygones habituellement réguliers, tels que le carré, le pentagone, l'hexagone, etc.; lorsque leurs dimensions sont suffisantes, on les soumet d'ordinaire au tracé bastionné, et alors toutes les constructions indiquées ci-dessus leur sont applicables. Evidemment les ouvrages d'une pareille importance exigent une garnison considérable pour être d'un bon service. Mais on conçoit que souvent on pourra se trouver à la fois dans la nécessité d'occuper une position détachée, et dans l'impossibilité d'y laisser beaucoup de monde. Il faudrait donc réduire considérablement les dimensions indiquées plus haut pour ramener l'ouvrage à n'être plus qu'un *fortin* ou *petit fortin*. Or, dans ce cas, le tracé bastionné perdrait une grande partie de ses avantages, les flancs devenant trop petits pour fournir un flanquement efficace. On abandonne donc ce tracé, et comme la position habituellement isolée de ces fortins exige qu'ils puissent porter des feux dans le plus de directions possible, on obtient ce résultat en augmentant le nombre des saillans, et par suite, celui des faces. Cette disposition a fait donner aux ouvrages auxquels on l'applique, le nom de *fortins étoilés*. Nous n'en décrirons ici qu'une seule espèce, *le fortin étoilé à huit pointes*. (pl. IX.)

143. FORTIN ÉTOILÉ A HUIT POINTES. — Le fortin étoilé à huit pointes se construit sur un carré dont le côté varie de 60 à 100^m, et rarement au-delà. Soit ABCD ce carré ; divisons chaque côté en trois parties égales, aux points a et b, c et d, e et f, g et h ; puis, sur chacune des divisions du milieu, construisons un triangle équilatéral, nous aurons quatre nouveaux saillans E, F, G, H ; puis afin de diminuer les angles rentrans et par suite les angles morts, en rendant d'ailleurs le flanquement plus direct, de chacun des saillans rectangulaires A, B, C, D, retranchons de chaque côté 15°, ce qui les réduit à la limite prescrite de 60° ; nous obtenons ainsi une ligne brisée symétrique, A*l*E*m*B*n*....., qui forme la ligne de feu de ce fortin, auquel on reconnait alors huit pointes et seize faces, dont huit grandes et huit petites.

Quant au passage pour les communications, comme ce tracé ne présente rigoureusement aucun point plus fort qu'un autre, on l'établit sur la face la moins exposée, en choisissant de préférence une grande face.

144. BLOCKHAUS. — On appelle *blockhaus*, de petites maisons en bois dont les murailles sont très épaisses, et qui sont recouvertes d'un assemblage également très compact de bois et de terre. (pl. XI et XII).

Ils sont destinés à renfermer de petites garnisons qui seraient trop faibles pour défendre un ouvrage découvert, quelque restreinte que soit son étendue. Les soldats y sont presque totalement à l'abri des projectiles ennemis, et leur disposition leur permet en même tems de riposter à coup sûr sans se découvrir eux-mêmes.

Les blockhaus ne se composent généralement que d'un rez-de-chaussée. Cependant lorsqu'on présume que l'ennemi ne pourra les attaquer avec de l'artillerie, on y ajoute un étage, ce qui augmente extrêmement leur commandement sur la campagne.

Bien que le rôle qui leur est assigné, les classe naturellement parmi les ouvrages de campagne, leur construction demande un peu de loisir et le concours de quelques ouvriers adroits pour rassembler, préparer et mettre en œuvre les matériaux nécessaires.

Le blockhaus devant être en état de résister non seulement aux feux d'infanterie, mais encore, au besoin, à ceux de l'artillerie de campagne, on emploie de préférence des bois durs et élastiques de 0^m, 30 d'équarrissage; ceux qui sont destinés à former les murailles, ont de 3^m à 3^m, 30 de longueur; la longueur des autres est déterminée suivant les circonstances, de manière à pouvoir recouvrir l'édifice, ainsi qu'il sera expliqué plus loin.

Pour représenter les détails de cette construction, nous emploierons, outre le plan horizontal, un profil ou coupe verticale, perpendiculaire à l'une des directions, celle par exemple où nous supposerons l'ouverture, et parconséquent parallèle à l'autre; car nous avons oublié de dire que la forme du blockhaus était habituellement le rectangle, et quelquefois le carré lorsque les côtés ne dépassent pas une certaine limite.

145. DÉTAIL DE LEUR CONSTRUCTION. — Pour éviter d'entrer dans des répétitions inutiles, nous nous bornerons cette fois à indiquer successivement la construction des diverses parties suivant l'ordre où elles se présenteront, sans nous appesantir sur leur représentation graphique qui n'offre aucune remarque nouvelle.

Après avoir tracé le rectangle qui doit enfermer la surface intérieure, on creuse sur les quatre faces et en avant de cette ligne, un fossé de 1^m de profondeur, dont les terres sont rejetées la plus grande partie en dehors; on ne donne à ce fossé qu'une largeur de 0^m, 30 au fond, et on y place debout et serrés les uns contre les autres, les poteaux carrés de 3^m à 3^m, 30 de longueur, dont il a été parlé plus haut; puis on comble le fossé, en replaçant d'abord les pierres pour mieux assujétir le pied des poteaux, et ajoutant graduellement la terre que l'on dame fortement par couches. On forme ainsi quatre murailles, et tous les poteaux étant d'égale longueur, leurs extrémités supérieures se trouvent dans un même plan horizontal. On a donc toute facilité pour former un plancher composé de poutres de même équarrissage et suffisamment longues pour être susceptibles de s'emboiter dans les extrémités des premières, à l'aide de tenons et de mortaises préparées à cet effet dans les pièces correspondantes; cette disposition étant faite, on lui superpose un nouvel assemblage de poutres semblables, mais placées perpendiculairement aux précédentes et de manière à les déborder de chaque côté de 0^m, 50 à 1^m.

Ce surplombement a pour objet d'empêcher l'effet des projectiles à trajectoire contre les murailles qui se trouvent ainsi à l'abri de leurs atteintes; malgré la solidité de ce double plancher, on y ajoute encore une troisième rangée de solives ou de madriers, d'épaisseur moindre que les précédentes, ayant particulièrement pour objet de les soustraire au contact immédiat de la terre dont on recouvre le tout, et par suite, à l'infiltration des eaux qu'elle ne peut manquer d'absorber; ainsi il est important que ces madriers soient aussi jointifs que possible, et on les assujétit en outre avec des chevilles verticales ou obliques. C'est alors que l'on amoncelle sur cette toiture, une masse de terre fortement damée, d'environ 1^m d'épaisseur, à laquelle on donne une légère pente pour faciliter l'écoulement des eaux et le roulant des projectiles qui pourraient y tomber, et que l'on soutient des quatres côtés par des talus aussi raides que le permettent la force des terres ou les gazonnemens dont ils sont revêtus.

Cette dernière précaution a l'avantage d'empêcher en grande partie l'effet destructeur des projectiles à trajectoire, en amortissant considérablement leur choc, et surtout d'écarter les chances de feu, en arrêtant les projectiles incendiaires. Comme on ne saurait apporter trop de soin à préserver les planchers inférieurs de toute cause de dégradation, puisqu'ils supportent tout le reste, il arrive fréquemment, lorsque les ressources locales le permettent, qu'avant de placer la terre, on établit au-dessus de la dernière rangée de solives, une ou deux assises de tuiles qui s'opposent alors complètement à l'infiltration des eaux pluviales.

146. Créneaux. — Pour défendre les approches de l'ouvrage, on pratique, dans l'épaisseur des murailles, des ouvertures ou *créneaux*, évasés vers la campagne, afin de laisser aux défenseurs la facilité de découvrir et d'ajuster, dans des directions plus ou moins obliques, presque sans se déranger. Larges de 0^m, 10 ou 1 décimètre, ces créneaux ont leur partie inférieure à 1^m, 30 (hauteur d'appui) au-dessus du sol, et l'évasement de cette partie forme une pente de $\frac{1}{6}$, comme la plongée des ouvrages en terre ; leur hauteur, que l'on restreint autant que possible, est de 0^m, 30 à 0^m, 40 ; quant à leur évasement latéral, il est de 0^m, 10 de chaque côté, ce qui donne extérieurement aux créneaux une largeur totale de 0^m, 30. Afin d'affaiblir le moins possible la muraille, les créneaux sont pratiqués dans deux pièces jointives, moitié de chaque côté, et pour plus de facilité, on fait à l'avance, sur ces dimensions, des entailles symétriques dans les poutres qui doivent être juxtà-posées. Enfin on s'arrange de telle façon qu'il y ait au moins entre les côtés extérieurs de deux créneaux consécutifs, une distance de 0^m, 30, épaisseur d'une poutre entière ; quelquefois même, entre deux créneaux, on laisse une poutre toute entière intacte, et ils se trouvent alors séparés par une distance extérieure de 0^m, 60, et intérieure de 0^m, 90 de milieu en milieu; de cette manière, en même tems qu'on laisse plus de force à la muraille, on évite l'inconvénient qui résulterait souvent d'avoir des créneaux trop rapprochés, pour la commodité du service.

147. Dispositions extérieures. — Là se termine à la rigueur ce qui est spécialement relatif à la construction du blockhaus en lui-même. Toutefois la défense serait imparfaite, si on laissait les choses dans cet état, car tout l'espace situé en dessous du plan de feu resterait évidemment sans défense, et des hommes audacieux pourraient venir s'abriter sous les créneaux eux-mêmes; là, hors d'atteinte des feux du blockhaus, ils auraient toute facilité, soit pour *emboucher* les crénaux (en y introduisant eux-mêmes leur fusil), soit pour saper la muraille à coups de haches, soit pour y attacher des matières incendiaires ou explosibles. Il est donc indispensable de faire disparaître ce grave inconvénient. A cet effet, on élève tout autour du blockhaus un parapet en terre qui le recouvre jusqu'à la hauteur du bord extérieur des créneaux, et se termine au prolongement du plan de plongée; son épaisseur varie de 1^m, 50 à 2^m, et il est soutenu par un talus extérieur d'une inclinaison variable suivant la force des terres. Pour former ce parapet, on creuse sur les quatre faces, et à une distance convenable, un fossé de 1^m de profondeur, dont la largeur est calculée pour obtenir le déblai nécessaire; comme on n'a pas besoin de berme, l'escarpe de ce fossé est le prolongement du talus extérieur; mais comme un pareil fossé ne saurait être considéré comme un obstacle réel, on en augmente la force en y ajoutant des *palissades* plantées verticalement au pied de la contrescarpe, et ayant pour but d'arrêter l'ennemi sous le feu du blockhaus (voir au chapitre III). D'ailleurs pour qu'elles ne puissent être détruites de loin, on les masque, ou tout au moins on les couvre en grande partie par un glacis suffisamment élevé pour remplir ce but, et dont l'inclinaison extérieure est d'environ $\frac{1}{8}$ à $\frac{1}{10}$.

148. On conseille encore, lorsque les circonstances le permettent, d'établir à quelque distance, mais toujours sous le feu direct des créneaux, un *avant-glacis* avec banquette susceptible d'être occupée par des fusiliers, pour battre le plus loin possible les abords environnans.

Enfin pour s'assurer des communications, on établit sur la face la moins exposée, une porte épaisse d'au moins 5 à 10 centimètres, et de 1ᵐ, 50 à 2ᵐ de haut. En face de la porte, on pratique dans le parapet une coupure (n° 136) dont les deux côtés sont soutenus par des talus à $\frac{1}{3}$ ou $\frac{2}{7}$, et n'ayant pas plus d'un mètre de largeur; de là on traverse le fossé sur un pont également large de 1ᵐ, composé de deux poutrelles supportant d'autres solives transversales, assemblage léger, susceptible d'être enlevé à la moindre apparence de danger; bien entendu que les palissades et le glacis sont également interrompus en cet endroit dans une largeur de 1ᵐ.

Il résulte de toutes ces dispositions, qu'un blockhaus composé d'un simple rez-de-chaussée, enterré pour ainsi dire dans le sol, et recouvert d'une enveloppe presque impénétrable qui le dérobe à l'action immédiate des projectiles, est en état de résister avantageusement à des attaques éloignées; que de plus, il est presque inabordable de près, et qu'il peut arrêter ainsi, avec une faible garnison, une troupe dix fois plus considérable. Aussi nos troupes en ont-elles fait un fréquent usage dès les premiers tems de l'occupation du sol africain, et cent fois on a vu toute l'impétuosité de nombreuses troupes d'Arabes, venir se briser inutilement contre ces petites maisons de bois défendues par une trentaine d'hommes.

149. Blockhaus avec un étage. — Les blockhaus surmontés d'un étage, ne sont plus aussi parfaitement abrités que les premiers ; mais on a l'avantage d'y pouvoir placer de petites pièces d'artillerie qui portent le plus grand désordre parmi les assaillans ; de plus, à l'aide de meurtrières pratiquées dans le plancher supérieur, on peut encore fusiller presque à bout-portant, par des tirs verticaux, l'ennemi qui a pénétré dans le rez-de-chaussée ; faible ressource d'ailleurs, car l'assaillant, maître de la partie inférieure, peut user de la terrible faculté de l'incendie, contre laquelle rien ne saurait protéger les défenseurs.

Bien que nous ayons omis d'en faire mention dans le cours de nos explications, on conçoit que pour être d'un usage tout-à-fait avantageux, les blockhaus ont besoin, plus encore peut-être que les ouvrages en terre, de posséder un flanquement, sans lequel leurs secteurs sans feux laisseraient trop de prise à l'attaques des angles. Aussi la disposition de simple rectangle que nous avons prise en premier lieu pour exemple, n'est-elle pas la seule, et n'est-elle pas même celle que l'on emploie le plus ordinairement, lorsqu'on peut s'occuper de préparer à la longue un pareil moyen de défense.

La planche XII offre deux tracés remarquables, que leur forme rend non seulement parfaits sous le rapport du flanquement, mais encore précieux par l'avantage qu'ils ont de pouvoir se prêter aux exigences du terrain.

Le premier modèle représente en quelque sorte une croix grecque, offrant un rayonnement et un croisement perpendiculaire de feux dans toutes les directions, de telle sorte que l'ennemi, de quelque côté qu'il s'avance, ne saurait manquer d'être battu d'écharpe et peut-être même presqu'à revers.

Le deuxième a la forme d'un z rectangulaire et présente à peu près les mêmes avantages, sauf qu'il y reste deux secteurs sans feux non flanqués.

CHAPITRE II.

—

Des Ouvrages considérés dans un Terrain accidenté.

150. Idée générale du défilement. — Nous avons supposé jusqu'ici, pour expliquer commodément la forme générale des ouvrages de campagne, que le terrain sur lequel ils étaient construits était uni et horizontal (n° 2). Or, ce cas se présente rarement, et la plupart du tems au contraire, les ouvrages seront forcément assis au milieu de mouvemens de terrain, ou dominés par des hauteurs, qui, si elles étaient occupées par l'ennemi, lui donneraient la faculté de plonger par dessus la masse couvrante, pour frapper les défenseurs.

Il est donc nécessaire de changer le relief ordinaire du parapet, et de l'augmenter suffisamment pour remédier à cette fâcheuse disposition ; c'est ce qui constitue le procédé du *défilement* en général. Ainsi le *défilement* consiste à *déterminer le relief d'un ouvrage, de telle sorte que ses défenseurs soient à l'abri des feux de l'ennemi placé sur une hauteur voisine.*

151. Limite de défilement. — C'est ici le lieu de rappeler qu'un ouvrage quelconque ne peut couvrir ou *défiler* en arrière de sa ligne de feu, qu'une portion limitée de terrain ; pour les ouvrages ouverts, cette portion est bornée par la gorge même de l'ouvrage ; pour les lignes continues, elle s'étend à 20^m de la direction des retranchemens ; et pour les ouvrages fermés, elle s'arrête à une ligne de position variable suivant les circonstances, ainsi que nous verrons plus loin.

Cette ligne au-delà de laquelle on ne compte plus sur la protection du parapet, se nomme, pour cette raison, *limite de défilement ;* et l'on conçoit qu'avant tout, il est nécessaire d'en fixer la position pour connaître nettement l'espace que l'on se propose de défiler.

152. De ces diverses considérations, on conclut aisément que la limite de défilement doit toujours se trouver dans un même plan avec la position occupée par l'ennemi ; et comme d'ailleurs la ligne de feu doit toujours être élevée de 2^m, 50 au-dessus de ce plan, pour protéger l'espace en arrière d'elle, il s'en suit que le plus ou moins d'inclinaison de ce plan, entraîne immédiatement le plus ou moins d'élévation de la ligne de feu au-dessus du sol naturel.

153. Pour mieux faire ressortir cette relation et les conséquences qui s'en déduisent, prenons un exemple : soit ABCDE, le profil d'un retranchement ; x la projection de sa limite de défilement, MNPR le mamelon dont on veut le défiler (pl. XIII).

Si l'ennemi était au point R, la droite Rx (*c'est-à-dire le plan dont elle est la trace*) représentant le sol naturel, la hauteur OC de la ligne de feu serait seulement de 2^m, 50, quantité suffisante pour arrêter les feux tirés à cette élévation (n° 60).

Supposons maintenant l'ennemi placé en un point **P** du mamelon **MNPR**, et joignons ce point au point x ; évidemment le parapet devra s'élever de 2^m, 50 au-dessus de la droite Px (*c'est-à-dire du plan dont elle est la trace*), sans quoi les coups de feu tirés à 2^m, 50 au-dessus du point P (n° 60) pourraient, en prenant une inclinaison P'x' par exemple, battre une partie de l'espace Ox ; cet espace ne serait donc pas défilé. De même la droite Px prenant une inclinaison de plus en plus raide, à mesure que l'ennemi occupe un point plus dominant, la hauteur de la ligne de feu augmente successivement ; et je dis que cette hauteur sera la plus grande possible lorsque la droite Px (*c'est-à-dire le plan qu'elle représente*) deviendra tangente au mamelon MNPR. En effet, imaginons Nx tangente à ce profil, et élevons le parapet à 2^m, 50 au-dessus de cette droite ; il pourra alors se présenter trois circonstances :

1° Ou l'ennemi s'établira au-dessous du point N, et dans ce cas ses coups de feu les plus élevés ne pourront se trouver à 2^m, 50 au-dessus de Nx, et seront tous arrêtés par le parapet ;

2° Ou l'ennemi se fixera au point N même, et alors les coups de feu partis précisément à 2^m, 50 au-dessus de Nx, viendront au plus raser la ligne de feu C′ et restant parallèle à Nx (n° 60), ne pourront atteindre les défenseurs placés dans l'intervalle Ox ;

3° Ou enfin il se placera en arrière du point N, et là, bien qu'il puisse occuper une position plus élevée sur le terrain, cette position est réellement au-dessous de la tangente Nx ; et parconséquent les coups de feu partis de ce point auront moins de 2^m, 50 au-dessus de cette droite, et seront, comme les premiers, tous arrêtés par le parapet.

154. Point dominant, plans de site et de défilement. — Ce point N, d'où l'ennemi plonge avec le plus d'avantage sur l'espace Ox, et qui correspond à la plus grande élévation du parapet, se nomme, pour cette raison, *point dominant* ou *dangereux*.

Le plan qui passe par la limite de défilement et par ce point, se nomme *plan de site*. Il est ici représenté par la droite Nx, et comme tous les raisonnemens que nous avons faits sur les droites Rx, Px, Nx devaient s'entendre des plans représentés par ces droites, on reconnait que le plan de site n'est autre chose que le plan tangent au terrain, mené par la limite de défilement.

Enfin, si on imagine à 2^m, 50 au-dessus du plan de site, un plan qui lui soit parallèle, ce plan contiendra la ligne de feu définitive, et tout l'espace au-dessous de lui sera défilé relativement au mamelon MNPR ; on lui donne en conséquence le nom de *plan de défilement*.

155. DIVISION DU PROBLÈME. — Ainsi, comme nous venons de le voir, l'opération du défilement consiste simplement à déterminer le plan de site, c'est-à-dire à mener par une droite donnée (*qui est la limite de défilement*), un plan tangent au terrain situé en avant de l'ouvrage, problème que nous savons résoudre (n°s 44, 45 et 46). Nous avons vu que ce problème offrait deux cas distincts ; chacun d'eux correspond à une position particulière de la limite de défilement, qui peut être horizontale ou considérée comme telle, ou sensiblement inclinée à l'horizon. Nous allons appliquer successivement ces deux cas, à la solution du problème du défilement.

156. PREMIER CAS, LIMITE HORIZONTALE. — Soit une suite de courbes concentriques respectivement cotées 10, 11, 12, 13, etc., (pl. XIII), et représentant un mouvement de terrain (n° 43); soit ABCDE, la projection horizontale de la ligne de feu d'une petite lunette que nous nous proposons de défiler relativement à ce mouvement de terrain, en prenant pour limite de défilement, comme nous l'avons dit plus haut (n° 151), la gorge AE, qui dans ce cas peut être considérée comme horizontale, et que nous supposerons à la cote 10, 75 ou 10 $\frac{3}{4}$. Il s'agit d'abord de mener par cette droite AE, un plan tangent à la surface du terrain, et de déterminer le point de contact.

157. DÉTERMINATION DU PLAN DE SITE. — A cet effet, imaginons une surface cylindrique tangente au terrain, et ayant toutes ses génératrices parallèles à l'horizontale AE (n° 45); nous en aurons la projection en menant parallèlement à AE une suite de tangentes aux courbes 11, 12,

13, etc...; de plus, si nous joignons entre eux les points de tangence, nous pouvons considérer la courbe résultante comme la directrice de la surface cylindrique, et en même tems comme la courbe de contact de cette surface avec le terrain qu'elle enveloppe. Le plan tangent à cette surface (*voyez la note n° 56*), est le même que le plan tangent au terrain, ou, en d'autres termes, que le plan de site; et comme nous avons déjà une horizontale AE de ce plan, il ne reste plus qu'à déterminer le point de contact.

Pour arriver à ce résultat, prolongeons la capitale FC de la lunette, jusqu'à sa rencontre avec les diverses génératrices; prenons sur FA d'abord une distance arbitraire FF′, que nous supposerons correspondre par exemple à une cote de 10^m rabattue; en divisant cette distance FF′ en dix parties égales, il nous sera facile d'avoir la longueur correspondante à une différence de cote de 1^m; et prenant $\frac{3}{4}$ de cette longueur pour ajouter à FF′, le point f représente le rabattement du point F coté $10\frac{3}{4}$; portant ensuite sur les diverses génératrices, à partir de leur rencontre avec FC prolongée, des longueurs successivement croissantes de $\frac{1}{10}$ de FF′, et joignant les points résultants par une courbe *fabc d...* etc., nous obtenons le rabattement de la courbe de contact (n° 45); enfin menant par le point f une tangente à cette courbe, le point l de contact est le rabattement du point cherché, dont nous avons parconséquent le projection en prolongeant la droite $ll′$ jusqu'à sa rencontre en L avec la courbe de contact. (*Tout ce paragraphe n'est que la répétition succincte de ce qui a été expliqué dans l'introduction au n° 45 , qu'il sera bon de repasser avec attention pour bien comprendre celui-ci.*)

158. CONSTRUCTION DE L'ÉCHELLE DE PENTE. — Le plan de site se trouve donc entièrement déterminé par la droite E*f* cotée 10, 75 dans toute sa longueur, et par le point dominant L coté 19 ; toutefois pour s'en servir avec avantage, il est essentiel de construire son échelle de pente (n°s 27 et 28). Pour cela, en un point quelconque f' de l'horizontale Ef, nous éléverons une perpendiculaire à cette droite, et nous prolongerons cette perpendiculaire jusqu'à sa rencontre avec l'horizontale Ll ; cette perpendiculaire ayant ses extrémités f' et l'' respectivement cotées 10, 75 et 19, servira d'échelle de pente en la divisant convenablement.

159. Comme cette opération semble au premier abord offrir quelque difficulté, puisqu'il s'agit de diviser la droite $f'l''$ en un nombre non entier de parties, nous saisirons cette occasion pour compléter la règle donnée dans l'introduction (n° 51). Pour diviser la droite $f'l''$ en huit parties égales plus $\frac{1}{4}$, nous mènerons au point l'' qui a la cote entière 19, une droite $l''x$ faisant un angle quelconque avec $l''f'$; à partir du point l'' nous porterons sur cette ligne auxiliaire huit parties égales d'une dimension arbitraire, et à la suite de ces huit parties, nous porterons encore $\frac{1}{4}$ de l'une d'elles ; nous joindrons alors le point résultant au point f' ; puis, par les points intermédiaires x'', x'''…. etc., nous mènerons des parallèles à $x'f'$ jusqu'à leur rencontre avec $l''f'$; le premier point de rencontre correspondra à la cote 11, le deuxième à la cote 12, et ainsi des autres. Il sera également utile de diviser la première longueur en dix parties égales, qui correspondront à une différence de cote d'un décimètre.

160. Cote de la ligne de feu en différens points. — L'échelle de pente étant achevée, on conclut successivement les cotes des différens points de la ligne de feu dans le plan de site, et en ajoutant à chacune de ces cotes 2^m, 50, on a la hauteur définitive de cette ligne (n°s 152 et 154) ; il suffit pour cela de mener par les points dont on veut avoir la cote, une parallèle à l'horizontale Ef', jusqu'à sa rencontre avec l'échelle de pente, où l'on n'a plus qu'à lire la graduation correspondante.

On trouverait ainsi que les cotes au plan de site des points B et D (*qui ont la même cote comme étant situés sur la même horizontale*), et du point C, sont respectivement 11, 37 et

12, 68, et par suite, que la ligne de feu est cotée en chacun des deux premiers points 13, 87, et au troisième 15, 18.

161. INFLUENCE DE L'INCLINAISON DE LA LIGNE DE FEU SUR L'ÉPAISSEUR DE LA MASSE COUVRANTE. — Ainsi la ligne de feu n'est plus horizontale comme nous l'avons vue jusqu'à présent; de plus, comme la hauteur de la crête extérieure et par suite l'épaisseur du talus extérieur dépendent de l'élévation de la ligne de feu (n° 62), il s'en suit que l'épaisseur totale de la masse couvrante (*mesurée au pied du talus extérieur*), ne sera pas la même partout, et conséquemment que le fossé n'aurait point, sur toute l'étendue du tracé, une largeur uniforme.

En pratique, on détermine ces diverses dimensions par autant de profils qu'on le juge nécessaire; mais pour les opérations graphiques, on se borne généralement à construire un profil à l'extrémité de chaque partie du retranchement (face ou flanc); on calcule les remblais représentés par ces profils, on en déduit la largeur du fossé, comme il a été expliqué (n° 73), et prenant la moyenne de ces résultats, on donne au fossé cette largeur moyenne sur toute la partie comprise entre ces profils.

Pour plus de clarté nous allons entrer dans quelques détails, en appliquant ce que nous venons de dire à la représentation des diverses parties du retranchement, sur la face BC par exemple, à l'aide des profils construits sur les perpendiculaires GH et KL à cette droite; et afin d'éviter la confusion, nous représenterons ces profils à l'échelle double.

162. CONSTRUCTION DES PROFILS. — D'après les explications que nous avons données plus haut (n°s 153 et 154), il est nécessaire de déterminer la projection (*ou pour mieux dire le profil*) du terrain sur lequel on opère réellement, et ensuite du plan de site au-dessus duquel la ligne de feu s'élève de 2ᵐ, 50. Soit donc G'L' une droite indéfinie, que nous supposerons représenter l'horizontale à la cote 10, 75, et occupons nous premièrement du profil suivant la droite GH. Nous remarquerons d'abord que le point G étant sensiblement à demi-distance entre les sections horizontales **11** et **12**, sa cote sur le terrain est d'environ **11, 50**, c'est-à-dire 0, 75 au-dessus de l'horizontale 10, 75 ; ainsi, au point G', élevons une verticale sur laquelle nous prendrons $G'g = 1, 50$ (*ou 2 fois 0, 75 à l'échelle double*), et nous aurons la projection (*ou profil*) du point g du terrain. Ensuite nous prendrons $G'H' = 2\,GH$ (*toujours à cause de l'échelle double*), et le point **H** du terrain étant coté **12**, c'est-à-dire 1, 25 au-dessus de l'horizontale 10, 75, nous éléverons au point H' une verticale de 2, 50 de hauteur, et joignant le point h au point g, nous aurons la projection du terrain de G en H.

En second lieu l'échelle $l''f'$ nous donnerait pour cotes au plan de site des points G et H : 12, 25 et 13, 10 ; c'est-à-dire 1, 50 et 2, 35 au-dessus de l'horizontale 10, 75. Ainsi, sur les verticales $G'g$ et $H'h$ prenant $G'g' = 3$ (ou 2 fois 1, 50), et $H'h' = 4, 70$ (ou 2 fois 2, 35), et joignant $g'h'$ nous aurons la projection du plan de site, d'où il est aisé de conclure celle du plan de défilement (n° 154.).

163. Actuellement prenons $G'C' = 2\,GC$, le point C' sera la projection sur l'horizontale de la ligne de feu au saillant, et pour en avoir le profil, nous éléverons en ce point une verticale que nous prolongerons jusqu'à 2^m, 50 au-dessus du plan de site. Alors une observation bien simple sur la position du point C entre les sections **11** et **12**, ou mieux encore un calcul de proportionnelles non moins facile, indiquerait que la cote du terrain au point C est 11, 73 ; et comme nous avons déjà vu (n° 160) que la cote de la ligne de feu en ce point est 15, 18, la hauteur totale du parapet au-dessus du terrain, est donc 15, 18 — 11, 73 c'est-à-dire 3, 45.

Le reste s'achève comme il a été dit au chapitre 1er (n° 61 et suivans), en ayant soin de compter toutes les épaisseurs et inclinaisons sur l'horizontale G'H' ; ainsi nous porterons, à partir du point C' sur cette horizontale, une longueur égale à 6 fois C'c', pour donner à la plongée une inclinaison de $\frac{1}{3}$; puis nous construirons l'épaisseur du parapet en mesurant, à partir du même point C' et sur la même horizontale, une distance de 6ᵐ par exemple (*correspondant à une épaisseur réelle de 3ᵐ pour le parapet*). Cela fait, nous prendrons à la suite de cette distance, une longueur égale à la hauteur de la crête extérieure au-dessus de l'horizontale, et nous joindrons ces deux points, ce qui nous donnera l'inclinaison du talus extérieur, etc...

Il est bon de faire observer que la banquette, la berme, et le fond du fossé seront maintenus parallèlement au terrain, afin d'éviter des irrégularités qui pourraient être souvent incommodes et même nuisibles.

164. DÉTERMINATION DE LA LARGEUR MOYENNE DU FOSSÉ. — Le profil terminé, on en calculera la surface comme il a été expliqué (n° 73); pour plus de facilité, on fait ordinairement abstraction du défaut de perpendicularité des verticales sur le terrain, à moins qu'il n'en puisse résulter une erreur trop sensible ; dans le cas qui nous occupe, l'inclinaison n'étant guère plus d'un centimètre par mètre, c'est-à-dire moindre qu'un degré, nous la négligerons , et nous trouverons ainsi pour valeur de la surface totale donnée par ce profil : S = 21, 92775.

En opérant au point B de la droite KL, de la même manière qu'il vient d'être expliqué pour le point C, on obtiendrait, dans le second profil, S = 14,7695.

On trouverait donc que la surface moyenne serait $\frac{21,92775 + 14,7695}{2}$ ou 18,348625, d'où on conclurait par les moyens indiqués (n° 71) : x ou largeur moyenne du fossé

$= 4,77$, et par suite la base supérieure $B = 6,82$, et la base inférieure $b = 2,72$ (*).

On termine alors les deux profils, en ajoutant, s'il est nécessaire, au-dessus de la contrescarpe, un glacis dans le prolongement du plan de feu; puis on porte les distances horizontales résultantes, sur les deux perpendiculaires GH et KL, en ayant soin de les réduire préalablement à l'échelle véritable, et on joint ensuite deux à deux les points correspondans, ce qui complète la projection horizontale de la face BC.

Enfin, les mêmes constructions seront répétées sur la face CD, et s'il y a lieu, sur les deux flancs AB et DE; mais pour éviter les répétitions, nous nous abstiendrons d'entrer dans de nouveaux détails à cet égard, et nous passerons immédiatement à l'explication du deuxième cas du problème du défilement (n° 155) (pl. XIV).

165. DEUXIÈME CAS, LIMITE INCLINÉE. — Soit, comme précédemment, une suite de courbes concentriques, respectivement cotées, 10, 11, 12, 13, 14, etc..., et représentant un mouvement de terrain; soit également ABCDE, la projection de la ligne de feu d'une lunette, que nous nous proposons de défiler relativement à cette hauteur, en prenant pour limite de défilement la gorge DE, comprise entre les deux courbes 10 et 11, et parconséquent inclinée de 1^m de l'une à l'autre.

La question se réduisant, ainsi que nous l'avons déjà vu (n° 155), à la détermination du plan de site, il s'agit pour cela (n° 156) de mener par la limite de défilement DE, c'est-à-dire par une droite inclinée à l'horizon, un plan tangent au terrain.

166. DÉTERMINATION DU PLAN DE SITE. — A cet effet, nous imaginerons une surface gauche, enveloppant tangen-

---

(*) Voir le détail des calculs, note 1, page 136.

tiellement le terrain (n° 46); afin d'en avoir la projection, nous prolongerons la droite DE, sur laquelle nous porterons bout à bout une suite de longueurs, toutes égales à la portion D'E' de cette droite comprise entre les deux courbes 10 et 11 ; les points de division ainsi obtenus , représentant (n° 46) l'intersection de l'oblique DE avec les plans des différentes sections horizontales équidistantes, nous menerons, par ces points , des tangentes aux courbes correspondantes, et ces tangentes ne sont autre chose que des génératrices de la surface gauche (*voyez le n° déjà cité*) ; joignons maintenant ces points de tangence, nous avons la courbe de contact de cette surface gauche avec le terrain ; cela posé, si nous mesurons les angles que font avec la droite DE les diverses tangentes , nous reconnaissons que celle qui fait avec elle le plus petit angle, est là tangente à la courbe 18; donc cette tangente contient le point cherché, qui en effet n'est autre chose que le point où cette droite rencontre la courbe 18; ainsi le plan tangent au terrain, ou en d'autres termes, le plan de site , est entièrement déterminé par l'horizontale TT', contenant le point dominant *t* , et cotée 18 dans toute sa longueur, et par la droite DE. (*Tout ce paragraphe n'est que le résumé succinct de ce qui a été expliqué dans l'introduction , au n° 46 , qu'il sera nécessaire de relire avec attention pour bien comprendre celui-ci.*)

167. CONSTRUCTION DE L'ÉCHELLE DE PENTE. — Pour construire l'échelle de pente, nous observerons qu'elle doit être perpendiculaire à l'horizontale TT' (n° 27); en conséquence, en un point quelconque V de cette droite, nous lui éleverons une perpendiculaire que nous terminerons à sa rencontre en V' avec une parallèle à TT' menée par le point D' ; ce point étant coté 10 , le point V' situé sur la même horizontale D'V' porte également la même cote 10; l'autre extrémité V porte la cote 18; ainsi les deux extrémités comportant une différence de niveau de 8^m, nous diviserons la longueur VV' en huit parties égales, et nous aurons ainsi successivement sur l'échelle de pente les points cotés 11, 12, 13, 14, etc., jusqu'à 18.

Pour vérification, en menant par les points E', a, b, c..., des parallèles à TT', ces parallèles devront rencontrer l'échelle de pente aux points respectivement cotés 11, 12, 13, 14, etc. On trouverait alors pour cotes respectives au plan de site des points A, B, C, D, E, 12,52; 11,00; 11,64; 10,30; 10,90; le reste s'achèverait comme précédemment, en observant qu'un seul profil suffit pour les deux angles d'épaule, et un seul également pour les deux autres extrémités D et E des flancs, attendu que l'inclinaison du terrain et du plan de site est uniforme pour ces points pris dans cet ordre.

Enfin, dans l'exemple que nous avons pris, il sera bon de construire tous les profils, à cause de la différence de cote de la ligne de feu en chacun des points que l'on considère (*).

168. DOUBLE DÉFILEMENT. — Nous avons supposé dans les deux exemples précédens que l'on n'avait à se défiler que d'une seule hauteur, située en avant du saillant ou de l'une des faces que l'on considère; nous allons maintenant examiner le cas où il se trouverait un mamelon en avant de chaque face (pl. XV).

Il semble au premier abord tout simple d'appliquer, suivant la circonstance, l'un ou l'autre des procédés qui viennent d'être expliqués, afin de défiler chaque portion de l'ouvrage relativement à la hauteur qui la domine. Mais on reconnaît immédiatement que la portion défilée de l'un des mamelons, pourra être prise à revers par les feux partis de l'autre, inconvénient qui sera d'autant plus sensible que l'on éle-

---

(*) Voir le détail des calculs, note 2, page 137.

vera l'une ou l'autre des faces. Ainsi, dans le cas qui nous occupe, la question consiste à empêcher que les défenseurs de chaque face ne soient exposés aux feux partis de la hauteur qui domine la face opposée.

169. TRAVERSE. — On arrive à ce résultat en interposant entre les deux faces un obstacle susceptible d'arrêter les feux partis des deux hauteurs, et qui se compose d'une *traverse* en terre plus ou moins épaisse, mais habituellement de la même épaisseur que le parapet de l'ouvrage.

La direction de cette traverse, variable d'ailleurs, suivant la position des hauteurs dont il faut se défiler, divise assez ordinairement l'ouvrage en deux parties symétriques, que l'on défile séparément de la hauteur qui les domine, en prenant pour limite de défilement la direction même de la traverse, et opérant ainsi qu'il a été indiqué dans les exemples précédens. Ensuite, afin de déterminer la hauteur de la traverse, on la défile à son tour successivement des deux hauteurs, en prenant pour limite de défilement la face située en arrière de sa direction, relativement au mamelon que l'on considère ; et comme cette opération fournit le plus souvent deux cotes différentes, on adopte la plus élevée, qui suffit évidemment pour remplir le but qu'on se propose.

Pour plus de clarté nous développerons ces données générales sur un exemple particulier, comme nous l'avons fait jusqu'à présent.

170. Soit donc ABCDE la projection de la ligne de feu d'une lunette que l'on veut défiler des deux mamelons X et Y, situés l'un en avant de la face BC, l'autre en avant de la face CD ; pour plus de simplicité, prenons pour direction de la traverse intérieure, la capitale même CF de la lunette ; cette droite CF, qui sert, comme nous l'avons dit, de limite de défilement, étant comprise entre les deux courbes 10 et 11 qui appartiennent au raccordement des deux mamelons X et Y, il a lieu d'employer le second cas du problème du

défilement exposé plus haut (n° 165 et suivans). En effec-
tuant les constructions nécessaires (voyez 46 et 166), nous
trouverons pour point dominant du mamelon X, le point T
à la cote 16, et pour point dominant du mamelon Y, le
point T' à la cote 17; nous construirons alors les échelles de
pente des deux plans de site, ainsi qu'il a été expliqué (n° 167),
et à l'aide de ces échelles de pente, nous trouvons pour
cotes respectives des points A, B, C, D, E : 10, 27 ; 10, 83;
11, 83; 11, 10; et 10, 54.

D'après ces cotes, nous construisons les profils nécessaires
de la même manière que dans le premier cas; nous en
déduisons la largeur moyenne du fossé sur toute l'étendue
de l'ouvrage (1), et nous achevons le tracé comme il a été
indiqué. Cela fait, nous nous occuperons de déterminer la
hauteur de la traverse; à cet effet, prenant d'abord BC pour
limite de défilement relativement au mamelon Y, nous
trouvons pour point dominant sur ce mamelon, le point t' à
la cote 16; construisant l'échelle de pente du plan de site
ainsi déterminé, nous obtenons les cotes 11, et 11, 50 pour
les extrémités F et C de la traverse; répétant les mêmes
constructions de l'autre côté, en prenant DC pour limite de
défilement relativement au mamelon X, nous trouverons
pour point dominant sur ce mamelon, le point t à la cote 16,
et par suite, dans le plan de site ainsi déterminé, les cotes
11, 68 et 11, 73 pour les deux extrémités F et C de la
traverse. Ces deux dernières cotes étant supérieures aux
précédentes, sont celles que rigoureusement nous devrions
adopter pour fixer la hauteur de *la crête* de la traverse;
mais nous observerons ici que la cote 11, 83 du point C,
appartenant aux deux lignes de feu, nous simplifierons le
tracé en donnant cette même cote 11, 83 à la crête de la
traverse que nous supposerons horizontale, en remarquant

---

(1) Voir le détail des calculs, note 3, page 138.

8

toutefois que cette simplification n'est point une règle que l'on puisse également appliquer à tous les cas qui se présenteront.

171. Toutes les constructions indiquées ci-dessus étant achevées, la question du double défilement se trouve résolue d'une manière complète et avantageuse. La traverse, élevée même d'un décimètre de plus qu'il n'était rigoureusement nécessaire, présente une masse compacte, qui remplit parfaitement le but qu'on se propose, d'arrêter les feux partis des deux hauteurs. Mais à présent, un nouvelle difficulté se présente ; l'ouvrage se trouve coupé en deux parties qui sont entièrement isolées l'une de l'autre ; les communications sont interrompues, ou, si on veut les rétablir en dépassant la gorge (*dans les ouvrages ouverts*) pour faire le tour de la traverse, elles deviennent alors longues et dangereuses, puisque rien ne protège plus les défenseurs ; d'ailleurs, cette périlleuse ressource n'existe point dans les ouvrages fermés, où l'on est fréquemment à même d'employer cette disposition.

Poterne en coffrage. — En conséquence, pour rétablir d'une manière facile et aussi sûre que possible, les communications d'une partie à l'autre, on perce, dans le massif de la traverse, un passage couvert appelé *poterne*, auquel on donne une grande solidité, en soutenant les terres de toutes parts par des planches superposées, fixées contre des *cadres* en bois. La largeur de ce passage est de 2 à 4^m, sa hauteur est variable de 1^m, 80 à 2^m; mais on la restreint le plus possible, afin d'amortir le choc des projectiles qui tomberaient sur la partie supérieure de la traverse.

Nous donnerons ici le détail de cette construction ; mais comme les explications qui s'y rapportent sont extrêmement délicates, on pourra passer immédiatement au chapitre suivant, sauf à y revenir plus tard dans une seconde étude. (pl. **XVI**).

172. CADRES. — On appelle *cadre* ou *châssis*, un assemblage rectangulaire de quatre pièces de bois équarries. On distingue dans le cadre :

1° *La semelle*, ou pièce inférieure, que l'on enterre dans le sol, de manière que sa partie supérieure soit à fleur-de-terre ; son équarrissage est de 0m, 12, sa longueur égale à la largeur que l'on veut donner au passage, c'est-à-dire de 2 à 4m ; nous supposerons par exemple de 3m ;

2° *Les deux montans*, ou pièces latérales assemblées verticalement aux deux extrémités de la semelle, à l'aide de *tenons* et de *mortaises*, disposition qui offre plus de solidité et de durée que les clous, chevilles, etc...., et que l'on peut d'ailleurs préparer à l'avance ; leur équarrissage est de 0m, 15, leur longueur égale à la hauteur que l'on veut donner au passage, soit 1m, 90 ;

3° *Le chapeau*, ou pièce supérieure qui réunit les deux précédentes de la même manière qu'elles sont assemblées sur la semelle, à laquelle le chapeau se trouve parallèle ; son équarrissage est de 0m, 18, afin de lui donner une résistance suffisante pour supporter le poids de la masse de terre qui le surmonte.

173. LIMITE DE LA HAUTEUR ET DE LA LARGEUR DU PAS-SAGE. — C'est ici le lieu d'observer qu'il est important de restreindre la largeur de la poterne, autant que le permet la commodité du service, afin de diminuer la longueur du chapeau, et par suite, la chance qu'il a d'être rompu par des chocs répétés, plus ou moins amortis.

De même, on diminue la hauteur des montans, de manière à ne laisser strictement que l'élévation nécessaire pour un homme de grande taille, afin d'augmenter proportionnellement l'épaisseur de la masse de terre qui les recouvre, et par suite d'arrêter les projectiles et de les empêcher de percer jusqu'au passage.

174. PROJECTION VERTICALE. — On établit de pareils cadres de mètre en mètre, autant qu'il est nécessaire pour garnir toute l'étendue de la poterne. Nous représenterons cette disposition en imaginant par le milieu du passage un plan vertical, parallèle à sa direction, et sur lequel viendra se projeter tout ce que nous ferons des deux côtés. Les montans étant parallèles à ce plan, se projettent par deux parallèles verticales, distantes entre elles de 0m, 15 ; la semelle et le chapeau lui étant au contraire perpendiculaires, se projettent suivant deux rectangles qui figurent leur équarrissage.

175. Ces châssis, étant destinés à soutenir la masse de terre M, il semble naturel d'en établir jusqu'à l'endroit où elle se termine, c'est-à-dire jusqu'au point a où la partie supérieure du passage rencontre le talus de la traverse.

Mais nous remarquerons alors, qu'au premier projectile qui viendrait tomber au point *a*, le châssis qui s'y trouve n'étant couvert par rien, serait infailliblement entamé, les planches qu'il soutient seraient percées, et toute cette portion s'écroulerait promptement, obstruant le passage, blessant les hommes qui s'y trouveraient, et entrainant en peu de tems la ruine de tout le reste.

176. RECULEMENT DU PREMIER CADRE. — Pour obvier à cet inconvénient, on recule le premier cadre vers l'intérieur, jusqu'à ce qu'il se trouve au-dessus de lui au moins $0^m,50$ de terre, quantité nécessaire pour amortir suffisamment le choc des projectiles; en outre, pour augmenter la résistance de ce massif, et atténuer encore l'effet des obus qui pourraient y éclater, on le surmonte d'un gazonnement très compact formant un talus de $\frac{1}{4}$ à $\frac{1}{5}$.

177. TALUS EN GAZONNEMENT. — Afin d'en avoir la projection, élevons au point *a* une verticale sur laquelle nous prendrons $aa' = 0^m,60$ par exemple, puis par le point a', menons une horizontale qui rencontre le talus de la traverse au point *b*, ce point sera la projection verticale de l'intersection du talus de la traverse, avec le talus gazonné dont il est la crête; enfin menons bc''' inclinée par exemple à $\frac{1}{4}$; cette droite est la projection du talus de gazonnement, et c'est au point c''' ou elle rencontre l'horizontale élevée de $1^m,90$ au-dessus du sol, que l'on établit le premier cadre. On place le second à 1^m en arrière de celui-là, et ainsi des autres.

178. DISPOSITION DU REVÊTEMENT EN MADRIERS. — Cela fait, par dessus les chapeaux, on place des madriers se superposant d'un chapeau à l'autre de la manière suivante : on pose la première rangée de madriers de *c* en c', en les juxtà-posant soigneusement pour ne laisser aucun jour entre eux; on fixe cette première rangée par de forts clous, ou mieux par des chevilles, sur le chapeau *c;* pour en établir une seconde, on soulève la tête du premier madrier cc', et on fait glisser entre cet intervalle, la queue d'un nouveau madrier $c'c''$, de manière qu'il recouvre l'épaisseur du chapeau ; on fixe les deux madriers ensemble au chapeau c', et on continue de la même manière pour toute la rangée, et ensuite pour les rangées successives, en observant de placer toujours la queue de chaque rangée sous la tête de la précédente. On place de même des madriers superposés et bien jointifs derrière les montans contre la terre, et on les assujétit solidement dans cette position; seulement le danger de rupture n'étant pas le même, on ne s'astreint pas à placer des madriers de montant en montant, mais on emploie les bois dans toute leur longueur.

179. DIMENSIONS DES MADRIERS. — Les madriers dont on se

sert pour cette construction, ont une épaisseur de 0^m, 06 à 0^m, 08, et leur largeur est d'environ 0^m, 25; leurs petites faces doivent être assez unies pour qu'on puisse commodément les serrer les unes contre les autres; cette précaution n'est point nécessaire pour les grandes, particulièrement pour celles qui appuient contre la terre.

180. Ce travail terminé, il resterait encore toute la partie *bc'''ef* qui coupée verticalement ne saurait se tenir d'elle-même; on continue donc sur cette partie le revêtement en planches en le terminant à une parallèle à *bf* menée par le point *c'''*; à défaut de cadres, on soutient ces planches par une pièce de bois appliquée contre elles parallèlement à *bf*. Sa partie inférieure est emboîtée dans une semelle, comme les montans des cadres; et sa partie supérieure s'enchâsse à tenon et mortaise dans le montant du premier cadre, immédiatement au-dessous du chapeau. Cette poutre de soutien est elle-même supportée par un soliveau fixé verticalement dans le sol et appuyé également contre les mêmes planches.

Enfin la partie restante comprise entre la droite *bf*, et sa parallèle menée par le point *c'''*, est habituellement soutenue par un talus intérieur d'une inclinaison variable de $\frac{1}{3}$ à $\frac{1}{5}$; nous la supposerons de $\frac{1}{3}$.

181. EVASEMENT DE L'ENTRÉE DE LA POTERNE. — On n'a pas tardé à reconnaître que si on exécutait ces constructions sans modifications, le service deviendrait fort incommode; en arrivant par exemple parallèlement à la traverse, on serait obligé de tourner carrément pour entrer dans la poterne, et par suite la négligence ou la précipitation exposeraient à de promptes dégradations; d'ailleurs, le talus dont nous venons de parler en dernier lieu, empiéterait encore sur l'intérieur du passage et le rétrécirait d'autant; en conséquence, on donne à toute la partie au-delà du premier châssis un évasement du dedans au dehors, d'environ 1^m de chaque côté, et pour que le talus ne déborde pas les planches, on le construit, en premier lieu, en comptant l'évasement à partir du pied des montans de droite et de gauche, jusqu'au point où la trace du talus en question rencontre celle du talus de la traverse; on subordonne alors l'établissement des planches et de leurs appuis à la construction de ce talus. Ces dispositions ne pouvant être représentées que d'une manière incomplète sur le plan vertical, nous aurons recours maintenant à une projection horizontale, que nous rapporterons pour plus de simplicité au sol *def* de la poterne.

182. PROJECTION HORIZONTALE. — Soit donc *ss'* la projection horizontale du premier châssis représenté seulement par le chapeau, aux extrémités duquel nous construirons de petits rectangles de 0^m, 15 de côté, figurant l'intersection des montans par le plan horizontal. (*On* *remplit ces rectangles par des hachures, pour indiquer qu'ils résultent d'une coupe).*

Sur le milieu s'' de ss', élevons une perpendiculaire GF à cette droite; cette perpendiculaire représente la direction de la traverse et les deux parallèles qu'on lui mène par les deux points s et s' en limitent la largeur que nous avons supposée égale à 3ᵐ (n° 172).

Nous obtiendrons ensuite la projection des madriers de la même manière que dans le plan vertical.

183. TALUS DE LA TRAVERSE. — Actuellement, pour avoir la trace horizontale du talus de la traverse qui doit nous servir à fixer l'évasement de l'entrée, nous revenons à la projection verticale pour y mesurer la distance ef de cette trace au pied du premier châssis ; nous prenons donc $s''F = ef$, et menant par le point F une parallèle à ss', cette droite TT' est la trace horizontale du talus de la traverse.

184. TALUS EN GAZONNEMENT. — Ce talus étant ainsi entièrement déterminé puisqu'on connaît d'ailleurs son inclinaison, il est aisé de trouver la projection horizontale de son intersection avec le talus en gazonnement qui surmonte le premier cadre. En effet, ce dernier talus ayant une hauteur de 1ᵐ et une inclinaison de $\frac{1}{4}$, sa base est de $\frac{1}{4}$ de 0ᵐ, 60, ou 0ᵐ, 15; ainsi; prenant sur FG à partir du point s'' une longueur de 0ᵐ, 15, et menant par ce point une parallèle à ss', nous avons la crête de ce talus, c'est-à-dire (n° 177) son intersection avec celui de la traverse.

185. TALUS DE L'ENTRÉE. — Maintenant sur la droite TT' perpendiculaire à FG prenons les deux distances FT, FT', respectivement plus longues de 1ᵐ que les deux parties $s''s$, $s''s'$, les deux points T et T' qui limitent l'évasement extérieur, appartiennent aux traces horizontales des deux talus; ce sont ces traces que nous allons chercher à déterminer. Mais pour plus de simplicité , comme toutes les constructions ou raisonnemens que nous ferons d'un côté de FG seront également applicables à l'autre, nous n'en considérerons désormais qu'un seul, celui de droite par exemple.

Cela posé, le talus dont nous cherchons la trace est incliné à $\frac{1}{3}$, et nous avons déjà un point T de cette trace ; de plus, il doit passer par la droite qui limite le bord extérieur des planches de revêtement; nous avons également un point de cette droite , donné par sa projection s, et sa cote 1 , 90 $= ec'''$ (*projection verticale*); nous avons donc tout ce qu'il faut pour la détermination du plan (n° 38).

En effet, du point s comme centre avec un rayon égal à $\frac{1}{3}$ de ec' , décrivons une circonférence, et menons par le point T une tangente à cette circonférence, cette tangente est la trace cherchée. (*Voyez dans l'introduction le n° 38, et pour l'application, les n°s 117, 133 et 134*).

186. BORD EXTÉRIEUR DES PLANCHES. — Nous · obtiendrons alors la projection horizontale du bord extérieur des planches de revêtement en prenant s''F', $=$ *ef' (projection verticale)*, et menant par le point F' une parallèle à TT'. jusqu'à sa rencontre avec la trace Tx du talus au point H; joignant sH, cette droite est la projection horizontale de l'évasement de la partie de l'entrée revêtue en planches, et le point H est la trace du bord extérieur de ces planches. Il nous reste relativement au talus de soutien qui leur est adjacent, à déterminer son intersection avec le talus en gazonnement et avec celui de la traverse.

· **187**. INTERSECTION DES TROIS TALUS. — Nous remarquerons quant à la première, que le point s appartenant aux deux plans, ainsi qu'on l'a vu plus haut, est déjà un point de leur intersection ; il suffit donc d'en avoir un autre, celui par exemple où se rencontrent les traces des deux plans. Nous avons déjà la trace Tx de l'un ; pour avoir celle de l'autre, nous prendrons sur s''F une longueur égale à $\frac{1}{4}$· de cc''' (*projection vertitale*), et par le point résultant menant une parallèle TT', cette parallèle est la trace cherchée ; elle rencontre la première au point I ; conséquemment joignant Is, et prolongeant cette droite au-dessus du point s, puisque là seulement existent réellement les deux talus, nous avons l'intersection cherchée.

188. En second lieu, si nous prolongeons la droite Is du talus d'évasement, jusqu'à sa rencontre avec gg' située sur le talus de la traverse, le point I' appartient à l'intersection des deux plans ; déjà le point T de rencontre de leurs traces en est un autre, donc nous obtenons cette intersection en joignant TI' ; pour vérification, cette droite doit être parallèle à la droite sH (n° 186) , qui représente le bord extérieur des planches et que nous avons précédemment déterminée directement.

189. SOLIVE DE SOUTIEN. — Il s'agit actuellement de figurer en projection la solive qui soutient le revêtement en planches de la partie évasée. Or, nous avons dit (n° 180) que cette solive était établie parallèlement au bord extérieur des· planches, et qu'elle s'emboîtait directement au-dessous du chapeau, sur le montant du premier cadre ; delà il suit que, si nous menons par le point k dessous antérieur de ce chapeau, une parallèle kl à bf, nous avons la projection verticale de l'arête antérieure qui appartient à la face latérale appuyée contre les planches.

190. PROJECTION HORIZONTALE. — Cette arête étant comprise dans le même plan vertical qui contient le bord extérieur des planches, sa projection horizontale se confond avec la projection horizontale *s*H de cette droite. Sa trace horizontale se trouve à une distance du pied du premier châssis marquée par *el* (*cette distance étant comptée non sur la trace de l'évasement, mais sur celle du profil*), ainsi nous l'obtiendrons en prenant sur *s''*F (*trace du profil*); une distance égale à *el*, et menant par le point ainsi déterminé une parallèle à *ss'* jusqu'à sa rencontre avec *s*H au point L qui est la trace cherchée.

Il importe également de déterminer les traces des autres arêtes, ou, ce qui revient au même, les traces des trois autres faces de la poutre. Ces traces comprennent évidemment entre elles un rectangle, qui n'est autre chose que l'intersection de la solive par le plan horizontal, et qu'on nomme en particulier *le pas* de la poutre.

191. A cet effet, élevons au point L une perpendiculaire à *s*H, et prenons sur cette perpendiculaire une longueur LP égale à l'équarrissage de la solive, nous avons la trace de sa face antérieure, et au point P la trace de l'arête intersection de cette face avec la face latérale extérieure; menons ensuite PP' parallèle à L*s*, nous avons la trace de cette dernière face. Il ne reste donc plus qu'à trouver la trace d'une des deux arêtes de la face inférieure, car ce point une fois déterminé, nous aurons la trace de cette quatrième face en menant une parallèle à LP.

Nous chercherons de préférence la trace de l'arête appartenant à la face latérale appuyée contre les planches, parce que cette face étant comprise toute entière dans le plan vertical d'évasement, il nous sera facile de l'obtenir en vraie grandeur en rabattant ce plan.

192. En effet, imaginons qu'on fasse tourner ce plan autour de sa trace *s*H comme charnière, pour le rabattre sur le plan horizontal; dans ce mouvement le point *k* situé dans ce plan (voyez projection verticale), ne cessera pas de se trouver sur une perpendiculaire à *s*H, et à une distance du point *e* égale à *ek*, qui marque la hauteur au-dessus du plan horizontal du dessous du chapeau; nous en aurons donc le rabattement en élevant au point *s* (projection horizontale du point *k* et du point *e*) une perpendiculaire à *s*H, et portant sur cette perpendiculaire *s*S = *ke*. D'un autre côté le point L étant situé sur la charnière même autour de laquelle s'exécute ce mouvement, est lui-même son rabattement, donc joignant SL, nous avons le rabattement de l'arête supérieure de la face latérale qui appuie contre les planches; on aura le rabattement de l'arête inférieure de cette même face, en menant S'L' parallèle à SL et à une distance de cette droite égale à l'équarrissage de la poutre, puisque la face en question, ainsi qu'on l'a dit plus haut (n° 191), se trouve ici rabattue en véritable grandeur.

Maintenant relevons le plan de cette face qui n'est autre, avons-nous vu, que le plan vertical d'évasement ; l'arête rabattue en S'L' ne cessera pas de rencontrer la droite sH au point L' ; ce point est donc la trace horizontale de cette arête ; parconséquent, en menant L'P' parallèle à LP', nous avons enfin la trace horizontale de la quatrième face, et le rectangle LPP'L' nous représente, ainsi que nous l'avons déjà dit, le pas de la poutre, dont la projection horizontale sera complétée en prolongeant PP' jusqu'à sa rencontre avec ss'.

193. Projection verticale. — Pour déterminer la projection verticale, il suffira de porter sur ef', à partir du point e, des distances respectivement égales à celles des trois points P, P' et L' au premier châssis ss', distance que l'on comptera, comme nous l'avons déjà fait pour les autres, perpendiculairement à ss' ; puis, par les points ainsi obtenus, qui ne sont autre chose que les projections verticales des traces des trois arêtes, menons des parallèles à kl, nous avons les projections verticales de ces arêtes mêmes.

Nous remarquerons seulement que la première que nous avons déterminée, se trouvant, relativement au plan vertical de projection, au-dessous de l'arête de la même face antérieure, se trouve en réalité masquée sur ce plan, et c'est pourquoi il est convenable de ne point la tracer pleine comme les trois autres.

194. Quant au poteau qui sert à étançonner la solive et qui s'établit d'ordinaire à la moitié de sa longueur, on en déterminerait absolument de la même manière le pas, c'est-à-dire l'intersection avec le plan horizontal, et par suite, la projection verticale, d'où l'on déduirait aisément l'intersection de ses différentes faces avec la face inférieure de la solive qu'il doit soutenir.

Nous croyons donc inutile d'entrer dans de nouveaux détails à cet égard, et nous terminerons là ce que nous avions à dire relativement à la poterne en coffrage.

CHAPITRE III.

Défenses Accessoires.

195. On comprend sous la dénomination collective de *défenses accessoires*, les divers travaux que l'on peut exécuter, ou les obstacles que l'on peut employer, pour augmenter les moyens de défense des ouvrages de campagne.

Ils sont généralement destinés à reculer les approches du retranchement, et arrêter l'ennemi sous le feu des défenseurs, en rendant sa marche aussi difficile et aussi dangereuse que possible ; d'autres ont particulièrement pour but de fermer, d'une manière plus ou moins avantageuse, la gorge des ouvrages ouverts, ou les passages pratiqués dans l'épaisseur des ouvrages fermés ; d'autres enfin, de protéger des points où il est important d'empêcher l'ennemi de se loger sans résistance, mais que le tems ou toute autre cause ont empêché de défendre par des ouvrages en terre (pl. XVII).

Parmi les premiers, nous décrirons *les palissades*, *les abattis*, *les trous de loup* et *les chausse-trappes*.

Dans la seconde classe, nous rangerons *les barrières* et *les chevaux de frise*.

Nous parlerons en dernier lieu de diverses espèces de *palanques*.

196. PALISSADES. — Les *palissades* sont des espèces de pieux en bois que l'on enfonce dans le sol pour arrêter l'ennemi. Il y en a de deux sortes : la *petite palissade*, ou *palissade française*, et la *grosse palissade*, appelée aussi *palissade allemande*.

197. PETITES PALISSADES. — Dans la première, les bois employés sont habituellement à trois faces de 0^m, 12 à 0^m, 15 de largeur ; quelquefois ils sont équarris suivant les mêmes dimensions ; leur longueur totale est d'environ 3^m. Ils se terminent par deux pointes aiguës, l'une destinée à pénétrer dans le sol, l'autre à empêcher de passer aisément par dessus. Celle-ci est longue de 0^m, 25 à 0^m, 30 ; l'autre est moins aiguë, afin de ne point courir le risque de se briser si elle venait à rencontrer quelque corps dur.

Pour enfoncer ces pieux, on se sert d'une espèce de matrice évidée intérieurement en coin triangulaire, et dont on recouvre la pointe supérieure pour ne point l'émousser ou la briser, ce qui arriverait infailliblement si on frappait dessus avec le maillet. Souvent on commence par enfoncer les pieux non façonnés et on les appointit après.

Ils pénètrent dans la terre d'environ un mètre, de manière à n'avoir plus que 2^m de hauteur au-dessus du sol ; il devient ainsi très-difficile de les arracher.

198. Liteau. — On les réunit ensuite par une barre transversale également en bois, sur laquelle chaque pieu est fixé à l'aide de clous ou de chevilles, et qu'on appelle *liteau*.

Ce liteau doit être placé de telle façon qu'on ne puisse mettre le pied dessus pour escalader la palissade ; on l'élève donc ordinairement à 1^m, 30 ou 1^m, 50 au-dessus du sol.

Quelquefois on emploie deux liteaux, l'un inférieur et l'autre supérieur ; mais on doit alors suffisamment rapprocher les palissades, pour qu'on ne puisse mettre le pied sur le liteau inférieur dans l'intervalle de deux palissades.

Le liteau est toujours tourné vers l'ouvrage, conséquemment les palissades triangulaires présentent leur arête saillante du côté de l'ennemi.

199. Choix des matériaux. — On doit employer de préférence des bois durs, tels que le chêne, l'orme, le châtaignier, etc.; un tronc d'environ 0^m, 40 de diamètre suffit pour former six palissades triangulaires en le fendant convenablement. Les clous sont en fer recuit, assez longs pour traverser complètement la palissade et le liteau, de manière qu'on en puisse rabattre la pointe sur la face intérieure de celui-ci. Les chevilles sont habituellement en bois de chêne et légèrement tronc-coniques ; leur longueur, de même que celle des clous, est plus grande que l'espace qu'elles doivent traverser ; on les enfonce avec effort en frappant avec un maillet sur leur plus grosse extrémité qu'on appelle la tête de la cheville ; on coupe ensuite la partie excédante de la queue ;

pour plus de solidité, il est bon de fendre la tête et d'y chasser fortement un petit coin en bois très-dur.

200. Grosses palissades. — Les grosses palissades ne diffèrent des précédentes qu'en ce que leur équarrissage est de 0^m, 30 au lieu de 0^m, 15; c'est surtout dans leur construction que l'on doit préférer les chevilles aux clous pour les fixer au liteau. On les emploie particulièrement pour fermer la gorge des ouvrages ouverts, ou lorsque l'ennemi pourrait les attaquer avec de l'artillerie qui balaierait au premier coup les petites.

201. Emplacement des palissades. — Quant à l'emplacement le plus favorable pour les palissades, c'est une question qui a été diversement résolue. Il est d'abord évident que, placées sur le sol naturel en avant de l'ouvrage, elles ne serviraient qu'à masquer une partie plus ou moins considérable de l'espace qui doit être battu par les feux de la défense; ainsi, loin d'être un obstacle aux assaillans, elles leur fourniraient un abri. On a proposé cependant de les établir sur la crête même de la contrescarpe, en les masquant par un glacis d'une hauteur suffisante pour les dérober aux feux de l'artillerie ennemie. Toutefois les inconvéniens précités n'en existant pas moins, cette disposition doit être écartée comme vicieuse. On reconnait donc la nécessité de les rejeter dans le fossé pour en rendre le passage ou l'accès plus périlleux. Là encore, on pourrait les placer de différentes manières; mais la disposition la plus simple et la plus avantageuse, consiste à les établir au pied du talus de contrescarpe. Dans cet endroit, en effet, elles offrent à l'assaillant, parvenu sur le bord du fossé, une barrière redoutable, hérissée de pointes aiguës et n'offrant aucun passage. Quelque hardi que soit un soldat, il n'osera point tenter de se précipiter dans le fond du fossé en franchissant un pareil obstacle, car embarrassé de ses armes et de son équipement, il se meurtrirait infailliblement, et resterait étourdi, en butte aux feux

des faces voisines ; d'un autre côté, il est également dangereux de se laisser glisser le long du talus de contrescarpe,
car on n'aurait, dans cet étroit espace, aucune facilité de faire
usage de ses armes. La seule ressource qui reste à l'ennemi
est donc de mettre le feu à la palissade ou de combler avec
des fascines l'intervalle de la contrescarpe, et il n'y parvien-
dra pas sans perdre beaucoup de monde, puisque l'une ou
l'autre de ces opérations le retiennent sous le feu des défenseurs.

PETITS PIQUETS. — On peut d'ailleurs rendre presque inutile la dernière de ces opérations, en parsemant le fossé d'une
multitude de petits piquets pointus, inégalement élevés et
plantés irrégulièrement, de manière à rendre le passage presque entièrement impraticable.

Ces piquets peuvent même, jusqu'à un certain point,
suppléer aux palissades lorsque la disette de bois ou le manque de tems empêcherait de les construire. Dans ce cas, il
sera également avantageux de couvrir de pareils piquets le
terrain situé immédiatement en avant de la contrescarpe, et
de les dérober aux feux de l'artillerie ennemie, en les masquant, du côté de la campagne, par un glacis suffisamment
élevé.

202. FRAISE. — On emploie encore très souvent
une autre disposition qui consiste à enfoncer les palissades
obliquement dans le talus extérieur, de manière à ce que
reposant sur la berme, elles présentent au-dessus de l'escarpe un front d'un difficile accès. Cette construction porte
particulièrement le nom de *fraise*, et présente une bonne
ressource, en ce que, enterrée dans une partie de sa longueur, elle dérobe également le reste aux feux de l'artillerie
à l'aide du talus de contrescarpe et du glacis qui la masquent
entièrement ; on conçoit toutefois que pour remplir avantageusement son objet, la fraise doit rester un peu en arrière
du talus d'escarpe, sans quoi elle formerait, au-dessus de

cette partie, un véritable toit où l'ennemi pourrait venir s'abriter; de même les pointes doivent se trouver au moins à $2^m,50$ au-dessus du fond du fossé, pour qu'il soit très difficile de les saisir avec les mains pour les arracher. On emploie de préférence pour la fraise, des bois équarris à $0^m,30$ afin d'offrir une résistance suffisante pour le dernier période de l'attaque. Ces bois sont assemblés sur deux liteaux, l'un supérieur, recouvert par les terres du talus extérieur; l'autre inférieur, fixé dans la berme sur la crête de l'escarpe.

La fraise a sur la palissade ordinaire l'avantage d'être pour ainsi-dire hors de portée de la hache, et d'être très difficile à incendier, les matières inflammables qu'on y jetterait pouvant glisser et tomber dans le fossé où elles ne produiraient point leur effet.

Lorsque les ressources du pays le permettent, on les emploie quelquefois simultanément, si on a le tems.

203. ABATTIS. — Lorsque au contraire on est pressé par le tems, et qu'on a dans le voisinage des arbres d'une certaine force, on peut les employer presque sans travail, pour obstruer les approches de l'ennemi et le retenir sous les feux de l'ouvrage; on s'en sert également pour fermer un passage, et à défaut d'autre moyen, la gorge des ouvrages. A cet effet, on coupe au pied autant d'arbres qu'on le juge nécessaire, on en émonde la cime, et en général toutes les petites branches; les autres sont taillées en pointe aiguë, de manière à former une masse toute hérissée de dards, aussi rapprochés que possible, plutôt courts que longs, afin d'offrir moins de facilité pour y appuyer le pied. Ces arbres sont disposés la tête vers l'ennemi, et assujétis en place par de forts piquets à mentonnet, c'est-à-dire recourbés à leur partie supérieure; on les tire de l'arbre même, en coupant deux branches un peu au-dessous de leur jonction, laissant à l'une une longueur suffisante pour faire office de piquet, et coupant l'autre plus près du nœud, à la distance suffisante pour qu'elle saisisse entièrement la partie que l'on veut fixer.

Cet obstacle, en raison de sa construction même, porte le nom d'*abattis*.

Il est bon pendant qu'un détachement est occupé à la coupe du bois, qu'un autre prépare, à la distance où on veut placer l'abattis, un petit fossé sans escarpe, surmonté d'un glacis formé par son déblai; par ce moyen, on peut dérober presque entièrement les abattis à l'artillerie enne-mie.

Leur distance de l'ouvrage est variable de 60 à 150^m, terme moyen 100^m environ, parce qu'à cette distance les feux de l'ouvrage conservent encore toute leur action, et que l'ennemi ne peut sans danger brusquer l'attaque, car si elle venait à manquer, il se trouverait dans une position très critique, ayant à dos un pareil obstacle.

On doit choisir de préférence les arbres touffus, bien garnis de branches; sous ce rapport, le peuplier ordinaire, le saule, le bouleau seraient d'un mauvais service; le chêne, l'orme, le hêtre sont au contraire très avantageux; les plus petites branches dépouillées de leur écorce sècheront plus vite et seront plus dangereuses.

204. CHAUSSE-TRAPPES. — Un autre obstacle employé avec avantage pour embarrasser l'ennemi dans sa mar-che, consiste à parsemer le terrain qu'il doit parcourir de chausse-trappes.

La *chausse-trappe* est une sorte d'instrument en fer, composé de quatre pointes triangulaires réunies en un centre commun; ces pointes extrêmement aiguës, et recuites pour moins s'émousser, sont disposées de telle façon qu'en jetant au hasard la chausse-trappe, il y en ait toujours trois qui reposent sur le sol, la quatrième restant verticale; leur longueur est d'environ 0^m,06 à 0^m,12.

Les terres labourées ou les prés sont particulièrement propres à receler cette espèce de piége, que sa petitesse dérobe aisément à la première vue; et bien que faible en apparence, cet obstacle ne laisse pas d'être extrêmement dangereux; car un homme qui marche sans défiance sur une pareille pointe, est presque toujours estropié, ou tout au moins hors d'état d'aller plus loin. Les chausse-trappes sont surtout très redoutables pour la cavalerie qui s'avance quelquefois en reconnaissance à proximité d'un ouvrage, avant que l'attaque soit commencée. Semées en grand nombre dans le fossé, elles remplacent avantageusement les petits piquets, et sont d'un excellent usage, l'ennemi ne pouvant balayer cet obstacle qu'en perdant beaucoup d'hommes, et annonçant son point d'attaque. A défaut de chausse-trappes fabriquées régulièrement, on peut se servir de gros clous à deux pointes, tordus perpendiculairement l'un sur l'autre, opération qui n'offre aucune difficulté.

Les clous étant remplacés avec avantage par des chevilles pour la fixation des palissades, on pourra employer ceux dont on s'était muni pour cet usage.

205. Trou-de-loup. — Enfin, lorsqu'on a un peu plus de loisir et que l'ennemi n'est point encore à portée, on construit une autre sorte d'obstacle que l'on peut dérober presque entièrement aux regards, et qui porte le nom de *trou-de-loup*, parce que la première idée en a été empruntée aux piéges que l'on tend souvent pour prendre ces animaux.

Le trou-de-loup est une excavation circulaire tronc-conique de 1^m, 50 de profondeur; la base inférieure ou *fond* du trou-de-loup est une circonférence de 0^m, 50 de diamètre; le diamètre de la base supérieure est de 2^m, ce qui donne aux terres recoupées un inclinaison de $\frac{1}{2}$ (la base moitié de la hauteur); les deux centres étant situés sur la même verticale qui porte le nom d'*axe* du trou-de-loup,

les terres retirées de l'excavation sont rejetées à l'entour
pour former un talus circulaire auquel on donne habituellement une inclinaison de 45°.

Enfin on plante verticalement, dans le fond du trou, un
piquet de 1^m de longueur, et terminé par une pointe très
aiguë qui rend fort dangereuse une chûte inattendue dans
cette espèce de piége.

206. Les trous-de-loup se placent sur plusieurs lignes
parallèles, habituellement sur trois ou six rangs, quelquefois davantage, à une distance de 60^m à 120^m, ou même 200^m
si le retranchement est garni d'artillerie.

On les dispose de telle sorte qu'il ne reste pas entre eux le
moindre intervalle pour poser sûrement le pied, ce qui se
fait de la manière suivante :

Sur une droite **XX′** parallèle à la direction de la masse
couvrante et à la distance prescrite, on porte bout-à-bout
une suite de distances égales **AB**, **BC**, **CD**, **DE**, etc…, de
6^m, 50 de longueur, et sur lesquelles on construit autant
de triangles équilatéraux. Joignant les sommets par une
seconde droite qui est évidemment parallèle à la première,
on a ainsi une double série de triangles **AFB**, **BFG**, **GBC**,
CGH, etc…. ayant tous 6^m, 50 de côté; puis marquant les
milieux des côtés, on prend tous ces milieux et tous les
sommets pour centres d'autant de trous-de-loup. On a de
cette façon trois rangées parallèles dont les centres sont
distans les uns des autres de 3^m, 25; la base supérieure
ayant, ainsi que nous l'avons dit, 1^m de rayon, cette distance se trouve réduite entre les orifices à 1^m, 25, intervalle que l'on remplit avec les talus formés du déblai.

207. — Ces talus n'étant autre chose que de véritables
surfaces coniques ayant les mêmes axes que les trous-de-
loup, il y aurait lieu, pour déterminer rigoureusement leur
raccordement, à chercher l'intersection de deux cônes droits
à base circulaire, ayant leurs axes parallèles; mais cette

9

question ne pouvant être résolue complètement qu'au moyen de considérations abstraites de géométrie descriptive ou analytique, nous la laisserons de côté, en admettant simplement que ces intersections s'effectuent dans un plan vertical passant à égale distance des axes et parallèlement à leur direction. En conséquence, elles se projèteront horizontalement, suivant des droites perpendiculaires sur le milieu des lignes qui joignent les centres deux à deux, et figureront ainsi autour de chaque trou-de-loup un hexagone régulier.

En projection verticale, nous ferons également abstraction de la forme de la courbe, et comme du reste elle est nécessairement symétrique relativement aux deux axes, nous la représenterons par un arc de circonférence ayant son centre à égale distance des deux axes.

208. Comme il n'y a point d'intersection du côté de l'ouvrage ni du côté de l'ennemi, on termine en ces deux endroits en adossant aux derniers talus un autre talus de soutien pareillement à 45°, qui forme ainsi tout du long et tout autour de la ligne une arête saillante composée d'une suite d'arcs de cercle, et situé à environ $0^m, 60$ au-dessus du sol naturel.

Du côté de l'ennemi on peut, au lieu de faire ce talus à 45°, lui donner une pente beaucoup plus douce pour mieux dissimuler l'exhaussement qui résulte de ce travail.

On recommande également de recouvrir toute l'étendue des trous-de-loup de menus branchages supportant une mince couche de terre sans consistance, car il pourra se faire qu'en voulant lui-même tenter une surprise ou brusquer une attaque, l'ennemi se précipite tête baissée dans le piége, où bon nombre seront mis hors de combat.

209. BARRIÈRE. — Pour empêcher l'ennemi de pénétrer par surprise à l'aide des passages ménagés, soit dans l'épaisseur des parapets, soit dans l'étendue des palissademens, on établit à chaque passage une *barrière* en bois qui se construit habituellement de la manière suivante :

A la hauteur de la ligne de feu s'il s'agit d'une coupure, ou sur le prolongement du palissadement, s'il s'agit de fermer une gorge, on enfonce verticalement deux forts poteaux d'environ 0^m, 30 à 0^m, 40 d'équarrissage qui forment les *montans* de la barrière ; leur distance est égale à la largeur que l'on veut laisser au passage (3 à 5^m) ; ils sont terminés à leur partie supérieure par une pointe de 0^m, 30 de longueur, et leur élévation totale au-dessus du sol est de 2^m à 2^m, 30. On nomme particulièrement *montant d'assemblage* celui sur lequel la barrière est assujétie, et qui sert d'axe de rotation ; et *montant de fermeture,* celui contre lequel on l'appuie pour la fermer.

210. On ménage dans le premier une *feuillure* ou *entaille* de 1^m, 50 de hauteur sur environ 0^m, 20 de profondeur, et ayant sa partie inférieure à 0^m, 15 du sol. Elle est destinée à recevoir un poteau de moindre dimension, terminé à chaque extrémité par un tourillon habituellement en fer, sur lequel il tourne librement dans de légères cavités pratiquées à cet effet dans la partie inférieure et supérieure de la feuillure ; pour plus de sûreté, il est bon de le retenir par deux bandes en fer fixées de chaque côté sur le montant principal, et embrassant le poteau mobile de manière à ne lui laisser précisément que l'espace nécessaire pour tourner.

211. C'est sur ce poteau que l'on fixe solidement la *traverse* ou *liteau* sur lequel sont assujéties les barres qui composent la barrière. Ces barres, qu'on appelle ici *fuseaux*, ne sont autre chose que de petites palissades de 0^m, 15 d'équarrissage, sur 2^m à 2^m, 15 de longueur, et terminées à chaque extrémité par une pointe aiguë longue de 0^m, 30 ; elles sont placées de manière que leurs pointes inférieures restent à 0^m, 15 au-dessus du sol, et séparées par une distance de 0^m, 05 à 0^m, 10, le plus souvent de la moitié de leur épaisseur.

212. Pour donner à cet assemblage plus de solidité, on y ajoute un *bras de support de traverse* fixé au poteau mobile, au liteau et aux fuseaux situés entre ces deux points; d'après cette disposition, le liteau et son arc-boutant suivent les mouvemens de rotation du poteau mobile et entraînent avec eux la barrière.

Ce mouvement s'opère du dehors au-dedans pour l'ouverture; et au contraire, pour la fermeture, du dedans au dehors, afin que l'ennemi ne puisse en contrarier le mouvement, s'il venait à s'y précipiter après avoir poursuivi les défenseurs.

213. Quant au mode de fermeture, il n'est point rigoureusement déterminé, et varie au contraire suivant les circonstances. Une disposition extrêmement simple consiste à fixer sur le poteau où vient battre le liteau, un fort piton ou une patte en fer percée d'un trou et accompagnée d'une cheville dite *clavette,* qui lui est attachée par une chaînette; cette pate où ce piton s'engage dans une encoche pratiquée de part en part dans la partie libre du liteau, qui est retenu dans cette position, soit par la clavette dont nous venons de parler, soit par un cadenas, soit de toute autre manière; toutefois, nous ferons observer que les cadenas ou serrures pouvant se détraquer au moindre choc, et étant d'ailleurs d'un usage incommode et d'un remplacement difficile, les chevilles ou clavettes leur seront substituées avec avantage.

214. Chevaux de frise.— On emploie souvent à la place des barrières et pour remplir le même but, une autre machine également en bois, à laquelle on donne le nom de *cheval de frise.*

Le cheval de frise se compose généralement d'une pièce de bois ou *arbre* horizontal, garni dans tout son pourtour de piquets pointus aux deux extrémités, et qui portent le nom de *lances.*

On en distingue deux espèces · le cheval de frise à quatre

rangs de lances, et le cheval de frise à six rangs de lances.

Dans le premier, l'arbre est formé d'une pièce de bois de 0^m, 20 à 0^m, 25 d'équarrissage, sur 2 à 4^m de longueur.

Cet arbre est percé de mortaises habituellement carrées de 0^m, 05 de côté, pénétrant de part et d'autre d'une même épaisseur, et destinées à recevoir les lances, dont la longueur totale est de 2^m y compris les pointes de 0^m, 15; les mortaises sont disposées de telle façon, qu'il n'y ait qu'un intervalle de 0^m, 25 au plus entre deux lances consécutives, et que les lances perpendiculaires correspondent au milieu de cet intervalle.

215. Lorsque le cheval de frise est destiné à servir de barrière, on le termine à une de ses extrémités par un bras en fer coudé de haut en bas, qu'on introduit dans l'anneau d'un fort piton placé convenablement pour faciliter le mouvement de la machine; l'autre extrémité peut être disposée de la manière que nous avons indiquée plus haut pour maintenir la barrière fermée.

Souvent, pour rendre l'approche plus difficile et intimider l'ennemi, l'arbre est terminé à ses deux extrémités par un axe en fer, engagé d'une part dans une encoche ou boîte où il peut tourner, et adapté de l'autre à une manivelle qui permet de communiquer à l'arbre, et par suite aux lances qui lui sont fixées, un mouvement de rotation perpendiculaire à l'axe.

216. Le cheval de frise à six rangs de lances ne diffère du précédent qu'en ce que l'arbre de support est équarri à six faces égales et symétriques de 0^m, 15 de largeur. Des mortaises sont également percées de part en part des faces correspondantes à 0^m, 25 l'une de l'autre sur chaque face; de cette manière, les trous pratiqués sur les faces adjacentes n'ont entre eux que le tiers de cette distance. Ce cheval de frise, qui même au repos présente toujours à l'assaillant trois rangées de pointes aiguës, s'emploie du reste de la même façon qu'il a été indiqué plus haut.

217. Palanques. — *Les palanques* ne sont autre chose que de grosses palissades jointives de 0ᵐ, 25 à 0ᵐ, 30 d'équarrissage, et disposées de manière à permettre aux défenseurs de tirer sur l'ennemi comme derrière un parapet.

A cet effet, elles sont munies de *créneaux* que l'on pratique moitié dans une palissade, moitié dans l'autre, comme il a été expliqué à l'article du blockhaus (n° 146).

Mais comme le recouvrement du créneau par l'extrémité de la palanque, tout en couvrant la tête du soldat, l'oblige à reculer pour mettre en joue, ce qui fait perdre à chaque fois beaucoup de tems, on pratique de préférence les créneaux en coupant, suivant la largeur indiquée, toute la partie de deux palanques jointives située au-dessus du liteau (n° 198).

Pour empêcher l'ennemi, parvenu jusque sous les palanques, d'emboucher les créneaux (n° 147), on creuse à leur pied même, du côté de la campagne, un petit fossé de 0ᵐ, 30 à 0ᵐ, 50 de profondeur, dont les deux talus sont inclinés à 45°; le déblai qui en provient sert à construire en arrière des palanques une sorte de banquette de même élévation que la profondeur du fossé. C'est alors à 1ᵐ, 30 au-dessus de cette banquette que l'on établit le liteau, et par suite le fond des créneaux dont le commandement sur la campagne se trouve ainsi augmenté, tandis que d'un autre côté le fond du fossé se trouvant à 1ᵐ, 90 ou 2ᵐ au-dessous du créneau, l'ennemi est obligé de tirer presque verticalement, circonstance qui annule presqu'entièrement le danger.

218. Lorsqu'on est pressé par le tems, on construit les palanques avec des troncs d'arbres bruts de 0ᵐ, 25 à 0ᵐ, 30 de diamètre, sur 2ᵐ, 30 de longueur (*en n'y comprenant pas la longueur qui pénètre dans le sol*). On les dispose à côté les uns des autres, en remplissant les intervalles par des rondins verticaux ou des quartiers de moindre grosseur dont la partie supérieure est à 1^m, 30 (hauteur d'appui) au-dessus du sol. Les créneaux peuvent être pratiqués par des encoches dans la partie supérieure de deux troncs jointifs; on les forme le plus souvent en laissant à 0^m, 60 les uns des autres, des intervalles de 0^m, 10 entre deux arbres consécutifs, l'intervalle étant rempli jusqu'à hauteur d'appui par les rondins dont nous venons de parler et qui font ici office de liteaux.

219. On conçoit du reste, que ce mode de défense devra être, plus rigoureusement encore qu'un retranchement en terre, assujéti aux conditions du flanquement, et même du flanquement le plus direct possible (n° 80), sans quoi l'ennemi, une fois parvenu au pied des palanques, pourrait à son aise les saper ou les incendier sans avoir rien à craindre des défenseurs.

FIN DE LA PREMIÈRE PARTIE.

NOTE 1. (Page 109.)

Détail des Calculs du Déblai au Remblai.

Profil suivant GH.

Talus extérieur $= \dfrac{2,95 \cdot 2,95}{2} = \dfrac{8,7025}{2} .. = 4,35125$

Parapet.... $= 3 . \dfrac{3,45 + 2,95}{2} = 3 . 3,20.. = 9,60$

Talus intérieur $= \quad 0,43 \cdot 0,65 \ldots\ldots\ldots\ldots = 0,2795$

Banquette. $= \quad 1,43 \cdot 2,15 \ldots\ldots\ldots\ldots = 3,0745$

Talus de banq. $= \quad 2,15 \cdot 2,15 \ldots\ldots\ldots\ldots = 4,6225$

SURFACE TOTALE......... $= 21,92775$

Profil suivant KL.

Talus extérieur $= \quad 2,30 \cdot 1,15 \ldots\ldots\ldots\ldots = 2,645$

Parapet.... $= 3 . \dfrac{2,80 + 2,30}{2} \ldots\ldots\ldots\ldots = 7,65$

Talus intérieur $= \quad 0,43 \cdot 0,65 \ldots\ldots\ldots\ldots = 0,2795$

Banquette. $= \quad 1,43 \cdot 1,50 \ldots\ldots\ldots\ldots = 1,945$

Talus de banq. $= \quad 1,50 \cdot 1,50 \ldots\ldots\ldots\ldots = 2,25$

SURFACE TOTALE......... $= 14,7695$

Surface moyenne $= \dfrac{21,92775 + 14,7695}{2} = \dfrac{36,69725}{2} \ldots\ldots\ldots\ldots = 18,348625$

donc, d'après la formule : $x = \dfrac{18,348625}{3,85} \ldots\ldots\ldots\ldots = 4,77;$

d'où d'après l'inclinaison du talus,

$B = 4,77 + \dfrac{2,35 + 1,75}{2} = 4,77 + 2,05 = 6,32; \qquad$ et $b = 4,77 - 2,05 = 2,72.$

NOTE 2. (Page 111.)

Détail des Calculs du Déblai au Remblai.

<table>
<tr><td colspan="2">Profil suivant F G.</td><td colspan="2">Profil suivant HL.</td></tr>
<tr>
<td>Talus extérieur =</td><td>$3,04.1,52.\dots\dots = 4,6208$</td>
<td>Talus extérieur =</td><td>$\dfrac{2,39.2,39}{2}\dots\dots = 2,85605$</td>
</tr>
<tr>
<td>Parapet.... = 3.</td><td>$\dfrac{3,54 + 3,04}{2}\dots\dots = 9,87$</td>
<td>Parapet.... = 3.</td><td>$\dfrac{2,89 + 2,39}{2}\dots\dots = 7,92$</td>
</tr>
<tr>
<td>Talus intérieur =</td><td>$0,43.0,65.\dots\dots = 0,2795$</td>
<td>Talus intérieur =</td><td>$0,43.0,65.\dots\dots = 0,2795$</td>
</tr>
<tr>
<td>Banquette. =</td><td>$1,43.2,24.\dots\dots = 3,2032$</td>
<td>Banquette. =</td><td>$1,59.1,43.\dots\dots = 2,2737$</td>
</tr>
<tr>
<td>Talus de banq. =</td><td>$2,24.2,24.\dots\dots = 3,0176$</td>
<td>Talus de banq. =</td><td>$1,59.1,59.\dots\dots = 2,3281$</td>
</tr>
<tr>
<td></td><td>Surface totale...... ... $=22,9911$</td>
<td></td><td>Surface totale......... $=15,85733$</td>
</tr>
</table>

$$\text{Surface moyenne} = \frac{22,9911 + 15,85735}{2} \dots = \frac{38,85845}{2}\dots\dots\dots = 19,419225$$

de là d'après la formule, x ou largeur moyenne $= \dfrac{19,419225}{3,85}\dots\dots\dots = 5,04 ;$

d'où ensuite :

B ou base supérieure $= 5,04 + 1,73 = 6,77;$ et $b = 5,04 - 1,73 = 3,31.$

NOTE 3. (Page 113.)

Détail des Calculs du Déblai au Remblai.

<table>
<tr><th>Profil du saillant C.</th><th>Profil suivant I K.</th><th>Profil suivant B P.</th></tr>
<tr>
<td>Tal. ex. $= \dfrac{2,33 . 2,33}{2}$ ..... $= 2,71445$</td>
<td>Tal. ex. $= \dfrac{2,60 . 2,60}{2}$ .... $= 3,28$</td>
<td>Tal. ex. $= \dfrac{2,83 . 2,83}{2}$ ..... $= 4,40445$</td>
</tr>
<tr>
<td>Parapet. $= 3. \dfrac{2,83 + 2,33}{2}$. $= 7,74$</td>
<td>Parapet. $= 3. \dfrac{3.10 + 2,60}{2}$. $= 8,55$</td>
<td>Parapet $= 3. \dfrac{2,83 + 3,33}{2}$. $= 9,24$</td>
</tr>
<tr>
<td>Tal. in. $=\ \ 0,43 . 0,65$ .... $= 0,2795$</td>
<td>Tal. in. $= 0,43 . 0,65$ .... $= 0,2795$</td>
<td>Tal. in. $=\ \ 0,43 . 0,65$ .... $= 0,2795$</td>
</tr>
<tr>
<td>Banq... $=\ \ 1,43 . 1,53$ .... $= 2,1879$</td>
<td>Banq... $=\ 1,43 . 1,80$ ......,... $= 2,574$</td>
<td>Banq... $=\ \ 1,43 . 2,03$ .... $= 2,9029$</td>
</tr>
<tr>
<td>T. de b. $=\ \ 1,53 . 1,53$ .... $= 2,3409$</td>
<td>T. de b. $= 1,80 . 1,80$ .... $= 3,24$</td>
<td>T. de b. $=\ \ 2,03 . 2,03$ .... $= 4,1209$</td>
</tr>
<tr>
<td>Surface totale...... $= 15,26275$</td>
<td>Surface totale....... $= 18,0235$</td>
<td>Surface totale...... $= 20,94775$</td>
</tr>
</table>

$$\text{Surface moyenne} = \frac{15,26275 + 18,0235 + 20,94775}{3} = \frac{54,23400}{3} \dots\dots\dots\dots = 18,078$$

$$\text{donc } x \text{ ou largeur moyenne du fossé} = \frac{18,078}{3,85} \dots\dots\dots\dots\dots = 4^{m},70,$$

et par suite :

B, base supérieure $= 4^{m},70 + 1^{m},55 = 6,25$; et b, ou base inférieure $= 4^{m},70 - 1^{m},55 = 3^{m},15.$

DEUXIÈME PARTIE.

—

PRATIQUE.

220. OUTILS ET INSTRUMENS. — Un détachement chargé de construire un retranchement, doit être muni de différens objets, outils ou instrumens, qui sont indispensables pour le travail : de pelles et de pioches pour remuer la terre ; de dames pour la tasser et lui donner plus de consistance ; de quelques brouettes pour le transport à une certaine distance; de scies, haches, marteaux, serpes, ciseaux, maillets, pour mettre en œuvre et ajuster les bois dont on a besoin ; de gros et petits clous pour les fixer ; de jalons, lattes, piquets pour déterminer des directions et construire des profils; de plusieurs pelotes de grosse ficelle pour servir de cordeaux ; d'une ou plusieurs règles graduées en mètre et subdivisions de mètre pour mesurer de courtes distances ; de niveaux de maçon ou de quadrants pour régler les pentes.

221. LEUR PROPORTION. — Ces objets sont répartis entre toute la troupe de la manière suivante: la moitié sont chargés de pelles, dont quelques unes sont plates et à tranchant affilé pour enlever des gazons ou recouper les talus; un quart de pioches ; l'autre quart, de dames, scies, haches et autres objets.

Tout le monde connaissant la forme et l'usage de la plupart de ces outils, nous nous bornerons à expliquer l'emploi du cordeau et des jalons, pour déterminer des directions, tracer des angles, mener des perpendiculaires ou des parallèles, du quadrant et du niveau de maçon pour vérifier l'inclinaison des talus ou régler un espace horizontal.

222. Emploi du cordeau pour déterminer une direction (pl. XVIII, fig. 1). — Une direction se détermine à l'aide du cordeau, en plantant un piquet à chacune de ses extrémités A et B et tendant une ficelle d'un piquet à l'autre, le plus près possible du sol sans le toucher ; on lève ensuite avec la pointe d'une pioche une raie peu profonde et peu large tout le long du cordeau. Ce mode de détermination est particulièrement employé pour le tracé des diverses dimensions du fossé, des lignes sur lesquelles on veut établir des palissades ou des palanques, de la gorge des ouvrages ouverts, et généralement de toute ligne appartenant au sol même .

223. Emploi des jalons pour le même usage (pl. XVIII, fig. 2). — Lorsqu'on veut déterminer une direction à l'aide de jalons *(piquets longs et minces)*, on plante premièrement deux jalons A et B aux extrémités de cette direction ; un homme prend ensuite un troisième jalon C qu'il place dans l'intervalle et à peu près sur l'alignement des deux autres, sans l'enfoncer ; il a le soin de maintenir ce jalon à peu près verticalement en se tenant lui-même en dehors de l'alignement ; un autre homme se place à quelque distance en arrière du jalon A par exemple, sur le prolongement de la ligne BA, ce dont il est assuré quand le jalon A lui masque parfaitement le jalon B ; il indique alors par un signe de main à l'homme qui tient le troisième jalon C d'appuyer à droite ou à gauche, selon le cas , jusqu'à ce que ce jalon lui soit également masqué par le jalon A ; dans cette position , le jalon C se trouve sur l'alignement des deux autres ; on le plante donc à cette place , on vérifie si cette opération ne l'a point dérangé , et on plante ensuite, par le même moyen, autant de nouveaux jalons qu'on le juge nécessaire.

Ce mode de détermination s'emploie de préférence pour le tracé de la ligne de feu et généralement de toutes les lignes du relief , parce que la trace faite avec la pioche le long d'un cordeau se trouverait recouverte dès le commencement du travail, tandis qu'au contraire les jalons servent à fixer la hauteur des diverses parties du remblai.

224. Tracé des angles a l'aide du cordeau. — Le cordeau sert avec avantage pour tracer des angles d'une certaine ouverture, notamment celui de 60° et ses dérivés, 30°, 90°, 120°, etc...

Pour tracer un angle de 60° (pl. XVIII, fig. 3), on prend un cordeau AB divisé en trois parties égales par deux nœuds intérieurs C et D; il est bon que ses extrémités soient aussi marquées par deux nœuds pareils, ou par deux boucles qui permettent de le tenir en main; cette boucle est comprise ou non dans la longueur totale; mais il est important que cette condition soit fixée au préalable, pour ne donner lieu à aucune erreur.

On fixe la partie intérieure CD sur la direction de l'un des côtés de l'angle, de manière que le nœud C par exemple, corresponde au sommet de cet angle; les deux points C et D étant maintenus dans cette position, on replie les deux autres parties CA et DB, soit à droite, soit à gauche, selon que l'angle doit être tracé à droite ou à gauche du côté CD; les hommes qui tiennent les deux nœuds A et B, ont soin de bien tendre le cordeau sans le tirer, en marchant l'un vers l'autre; lorsqu'ils se rencontrent, ils joignent leurs nœuds de manière à les faire toucher, et si l'opération a été bien faite, l'angle DCE est de 60°, car le triangle DCE est équilatéral, et on sait que tous les angles d'un triangle équilatéral sont égaux à 60°.

225. Élever une perpendiculaire a une droite. — D'après une autre propriété du même triangle *(la hauteur est perpendiculaire sur le milieu de la base)*, on pourra se servir du même cordeau pour mener une perpendiculaire à une droite.

A cet effet, on placera la partie intérieure CD sur la droite tracée, de manière que le milieu F de cette partie soit sur

le point où l'on veut élever une perpendiculaire ; on cons-
truira ensuite, comme précédemment, le triangle équilatéral
CDE, et tendant un autre cordeau de E en F, on aura la
perpendiculaire demandée.

226. PARALLÈLES. — Pour mener une parallèle à une
droite déjà tracée, on pourra répéter l'opération indiquée
ci-dessus en deux points de la droite suffisamment éloignés
l'un de l'autre ; joignant ensuite les sommets des deux triangles ainsi construits, on obtient une parallèle à la première
droite. Si on doit tracer plusieurs parallèles à une distance
déterminée, il sera bon de tracer auparavant, à chaque
extrémité de la droite donnée, une perpendiculaire à cette
droite ; on portera, à l'aide d'un cordeau ou d'une règle
graduée en mètres et centimètres, les distances données sur
ces deux perpendiculaires ; joignant ensuite les points correspondants par des cordeaux tendus, on aura les parallèles
demandées.

227. DEMI-CORDEAU (XVIII, fig. 4). — Lorsqu'on
aura à tracer un angle de 30° ou à élever une perpendiculaire à l'extrémité d'une droite que l'on ne peut prolonger,
on pourra se servir d'un autre cordeau divisé en trois parties
inégales, respectivement égales, les deux extérieures au côté
et à la hauteur d'un triangle équilatéral, la partie intérieure
à la moitié du côté du même triangle. Ce cordeau tendu de
la même manière que précédemment, est exactement la
moitié du premier ; l'angle au sommet est donc la moitié
de 60° ou 30°. Pour élever une perpendiculaire, on appuiera
la partie intérieure sur la droite donnée, de manière que le
point D adjacent à la plus petite des deux parties extérieures
soit appuyé à l'extrémité de cette droite ; on réunira les
deux extrémités, en tendant le cordeau comme il a été indiqué, et la droite FD sera la perpendiculaire cherchée.

228. ANGLE DE 90°.— L'angle de 90° pourra se décrire
d'après ce que nous venons de dire, en plaçant le nœud D au

point que devra occuper le sommet de l'angle, les deux parties DB et DC dans la direction que l'on veut donner aux deux côtés de l'angle, et réunissant les extrémités A et B, le cordeau tendu.

229. Angle de 120° (pl. XVIII, fig. 5).— L'angle de 120° ou deux fois 60°, s'obtiendra en construisant premièrement le triangle équilatéral ABC, dont on tracera seulement un côté AB adjacent au sommet B; on reportera ensuite ce côté et la base dans l'autre sens, en maintenant le côté BC à la même position, de manière à former un triangle équilatéral BCA', égal au premier, et on tracera seulement le côté extérieur BA' de ce triangle; l'angle compris ABA' est de 120°, car il est égal à deux angles de triangle équilatéral.

Quant aux autres angles qui n'ont point de relations directes avec celui de 60°, ils se déterminent au moyen d'instrumens moins grossiers, mais que nous nous abstiendrons de décrire pour éviter d'entrer dans des détails qui ne sont point rigoureusement de notre compétence.

230. Quadrant (pl. XVIII, fig. 6).— Pour vérifier les pentes des talus, on emploie souvent un instrument appelé *quadrant*, entièrement semblable, aux dimensions près, au quart de cercle dont on se sert dans l'artillerie pour donner aux mortiers l'inclinaison nécessaire.

Cet instrument est formé d'une plaque de bois, pleine ou évidée, dont un des côtés porte une règle de 1^m, 50 à 2^m de longueur : cette règle se nomme quelquefois base de repère. Au-dessus d'elle, est suspendu en un point fixe un fil à plomb, c'est-à-dire un fil à l'extrémité libre duquel est attaché un corps pesant, susceptible de le faire tendre.

Le point fixe ou de suspension est pris pour centre d'un quart de circonférence, sur lequel on marque pour la pratique les positions du fil à plomb correspondantes d'abord à une position horizontale de la règle, puis aux pentes les plus usitées, telles que celles de $\frac{1}{2}$, $\frac{1}{3}$, $\frac{1}{4}$, $\frac{1}{5}$, $\frac{2}{3}$, etc.

Pour se servir de cet instrument, on applique la règle sur le talus que l'on veut vérifier, et on voit si le fil à plomb couvre exactement la marque correspondante à l'inclinaison qu'il doit avoir; s'il passe au-delà, le talus est trop raide, il faut recouper sa partie supérieure; s'il reste en deçà, le talus est trop peu incliné, il faudra ou le remblayer à sa partie supérieure, ou mieux, le recouper du bas s'il n'en doit point résulter d'inconvéniens.

Souvent l'arc de cercle est divisé en degrés, mais il exige alors l'emploi d'une table indiquant les valeurs en degrés des pentes usuelles, qui sont habituellement données par le rapport de leur base à leur hauteur (n° 67).

231. Niveau de maçon (pl. XVIII, fig. 7 et 8).— On emploie fréquemment au même usage, mais seulement pour régler un espace horizontal ou des pentes qui ne dépassent pas 45°, un instrument extrêmement simple, connu de tous les ouvriers sous le nom de *niveau de maçon*.

Il est formé de deux branches AB et BC, assemblées rectangulairement au point B et réunies par une traverse EF, pour donner à cet assemblage plus de solidité; les extrémités A et C sont coupées en biseau, de manière à ce que les deux sections ainsi formées puissent s'appliquer sur un même plan (n° 2). Au point de réunion des deux branches, est suspendu un fil à plomb qui vient flotter librement contre la traverse EF; on marque en premier lieu le point de repère D, correspondant à une direction horizontale des deux extrémités E et F, puis successivement les points correspondants aux pentes de $\frac{1}{8}$, $\frac{1}{7}$, $\frac{1}{6}$, $\frac{1}{5}$, $\frac{1}{4}$, $\frac{1}{2}$ moindres de 45°; la pente de 45° sera le plus souvent marquée sur les deux branches quand elles sont égales, puisque dans ce cas l'angle droit ABC sera divisé en deux parties égales par la direction du fil à plomb correspondante à la position horizontale des points A et C. On peut rendre cet instrument susceptible de mesurer toutes les pentes, en y adaptant un quart de cercle dépassant suffisamment l'une des branches : avec cette modification, il devient un véritable quadrant.

232. Nous allons maintenant indiquer comment à l'aide du cordeau on peut exécuter le tracé de la plupart des ouvrages de campagne. Nous choisirons pour exemples une flèche et un redan, une redoute carrée simple ; et un front bastionné, les autres tracés pouvant s'en déduire sans difficulté.

233. TRACÉ D'UNE FLÈCHE (pl. XVIII , fig. 9). — Pour tracer une flèche, on se sert du premier cordeau à l'aide duquel on construit (n° 224) un triangle équilatéral ABC, ayant deux de ses côtés AB et BC dans la direction que l'on veut donner aux faces de la flèche (n° 90). On prend ensuite sur ces côtés, à partir du point B, deux distances pareilles, égales, à la longueur que doivent avoir ces faces (25 à 50^m); les deux droites BE et BF comprennent entre elles la flèche ; l'angle saillant B de 60° remplit les conditions nécessaires (n° 79) ; enfin un cordeau tendu de E en F représente la gorge (n° 90).

234. TRACÉ D'UN REDAN (pl. XVIII , fig. 10). — Pour tracer un redan, on commence par déterminer la direction que l'on veut donner à la gorge, et on appuie sur cette direction le côté intérieur AC du même cordeau ; puis à partir du milieu D on porte de chaque côté, sur cette direction, deux distances égales, de 30^m s'il s'agit d'un petit redan, et de 40^m s'il s'agit d'un grand (n° 91) ; la longueur EF, comprise entre les deux points ainsi déterminés, représente la gorge du redan. Ensuite on construit le triangle équilatéral ABC, et sur la hauteur DB (n° 225), on prend une longueur DG égale à 44^m pour un petit redan, et à 55^m pour un grand ; enfin joignant par des cordeaux les deux points G et E, et G et F, on a les deux faces du redan.

235. TRACÉ D'UNE REDOUTE CARRÉE SIMPLE (pl. XVIII, fig. 11). — Pour tracer un carré, on emploie de préférence le demi-cordeau (n° 227), ce qui se fait de la manière suivante :

On fixe préalablement la direction de l'un des côtés du carré de la manière indiquée (n° 127), et on applique sur cette direction la partie intérieure DC du cordeau. Construisant ensuite le triangle et marquant le côté DF, on a la direction d'une seconde face du carré. On porte donc, sur chacune des droites DC et DF une distance égale à la longueur que l'on veut donner aux côtés du carré, soit 40^m par exemple.

Cela fait, on transporte le cordeau pour le replacer en sens contraire, c'est-à-dire la base sur la même direction, et le grand côté toujours placé vers l'intérieur, de manière que l'angle droit D′ ait son sommet au point E que l'on vient de déterminer ; la partie D′F′ marque alors la direction du troisième côté du carré ; on prend sur cette droite, EH = DE = DG, pour avoir la longueur de ce côté, et enfin tendant un cordeau de G en H, on a le tracé de la quatrième face de la redoute.

236. Tracé d'un front bastionné (pl. XVIII, fig 12). — Pour tracer un front bastionné, on se sert du même cordeau que pour la redoute.

On commence par déterminer la longueur et la direction du front, en plantant un piquet à chaque extrémité, et tendant un cordeau préparatoire EF d'un piquet à l'autre.

Ayant ensuite marqué le milieu D de cet intervalle, on élève en ce point, à l'aide du petit cordeau (n° 227), une perpendiculaire à EF, et on prend sur cette perpendiculaire une longueur DG égale à $\frac{1}{8}$ de EF (n° 96); joignant par des cordeaux bien tendus et prolongés de moitié environ en arrière du point G, d'une part, les deux points G, E, de l'autre, les points G, F, nous obtenons la direction des lignes de défense, et portant sur chacune le tiers de EF, les deux portions EH, FI représentent les faces (n° 96). Cela fait, on place le cordeau de manière à élever une perpendiculaire sur le prolongement de EG, et on le fait glisser sur ce prolongement, en le maintenant dans la même position, jusqu'à ce que cette perpendiculaire passe par le point I; la portion IK comprise alors entre les deux lignes de défense, représente le flanc de droite; le flanc de gauche HL s'obtient de la même manière, et enfin un cordeau tendu de K en L, représente la courtine, de sorte que le front bastionné se trouve entièrement décrit par la ligne brisée EHLKIF, et qu'on peut enlever alors tous les cordeaux et parties de cordeaux auxiliaires qui n'ont servi qu'à arriver à ce résultat.

237. Pour compléter ce que nous avons à dire des dispositions préalables qu'il est nécessaire d'exécuter avant de commencer le travail, il nous reste encore à exposer le tracé des différentes lignes du retranchement, et la construction des profils qui servent à déterminer la forme des diverses parties qui le composent.

Mais comme les détails que nous allons donner à cet égard, peuvent s'appliquer également à toute espèce d'ouvrages de campagne, et que ces explications ne présentent aucune difficulté, nous croyons pouvoir nous dispenser de choisir un exemple particulier, pour donner des indications aussi simples et aussi générales.

238. TRACÉ DES DIFFÉRENTES LIGNES D'UN RETRANCHE-MENT. — Un croquis expédié, tracé sur le papier, suffira pour donner les dimensions d'épaisseur et de largeur de chaque partie, en présentant un profil préparatoire (n° 61 et suivans). La ligne de feu de l'ouvrage étant déterminée par les moyens que nous venons d'indiquer, on élevera des perpendiculaires aux extrémités de chaque face, et on portera sur ces perpendiculaires, successivement et dans le même ordre, les distances horizontales (données par le croquis) de chaque ligne du tracé, à la ligne de feu (n° 81);

puis, joignant par des cordeaux bien tendus les points correspondants sur chaque face, nous obtenons une suite de bandes rectangulaires qui représentent, d'un côté : l'épaisseur du parapet, la base du talus extérieur, la largeur de la berme, la base du talus d'escarpe, la largeur du fond du fossé, et la base du talus de contrescarpe ; de l'autre : la largeur au pied, du talus intérieur, la largeur de la banquette, et la base du talus de banquette.

On prolongera les deux seconds cordeaux, sur chaque face, jusqu'à leur rencontre ; on élevera en ce point deux droites respectivement perpendiculaires à la direction des faces, et on arrêtera à ces deux perpendiculaires les quatre autres cordeaux en avant de la ligne de feu ; enfin de ce même point comme centre, à l'aide d'un cordeau muni d'un petit piquet, on décrira une suite d'arcs de cercle raccordant ces derniers, ainsi qu'il a été expliqué à la première partie (n° 83).

239. Construction des profils. — Ces opérations étant achevées, on s'occupera de construire à l'aide de jalons, lattes, piquets, etc., le profil de l'ouvrage d'après les données du croquis, ce qui s'exécute de la manière suivante.

On plante d'abord verticalement des jalons de repère, à tous les points qui limitent la ligne de feu, et on pratique à chacun une encoche bien visible à 2^m, 50 au-dessus du sol ; on en place ensuite dans les intervalles de ceux-ci, deux ou trois, ou plus s'il est nécessaire, et on y marque également la cote 2^m, 50 (hauteur de la ligne de feu). Ces derniers seulement servent à construire les profils dans leur véritable forme ; ceux placés aux angles étant destinés à régler le raccordement des faces (n° 82), et ceux élevés aux extrémités, à indiquer le profil en talus qui doit terminer l'ouvrage (n° 84).

Toutefois, le procédé étant le même pour tous ces profils,

à cela près que les jalons, au lieu d'être plantés sur une même perpendiculaire aux faces, sont établis sur une direction oblique précédemment déterminée, nous ne parlerons que d'un seul profil, celui par exemple que l'on construit au point B, pris arbitrairement.

240. (Pl. XVIII, fig. 13). Le jalon B étant fixé, on en plante un autre au point *a* intersection des deux lignes qui représentent l'épaisseur du parapet et la trace du profil, et on lui laisse seulement une hauteur de 2^m au-dessus du sol (*l'épaisseur du parapet étant supposée de* 3^m, *voyez première partie,* n° 73). On fixe ensuite une latte à l'aide de clous, de manière à ce qu'elle appuie, d'une part à l'encoche pratiquée sur le jalon B, de l'autre, à la partie supérieure du jalon *a*, et on coupe les parties excédantes. Cela fait, on enfonce jusqu'à fleur-de-terre un petit piquet au point *b* (*sur la trace du talus extérieur*), et on y fixe la partie inférieure d'une deuxième latte qui est clouée à l'autre bout sur l'extrémité supérieure du jalon *a*. On a ainsi le profil suivant lequel se règlent la plongée et le talus extérieur.

On opère de même en deçà de la ligne de feu, en plantant au point *c*, correspondant au pied du talus intérieur sur la banquette, un jalon de 1^m, 20 de hauteur au-dessus du sol, et coupé ras à cette élévation ; on règle le talus en clouant une latte de la partie supérieure du jalon B à la partie supérieure du jalon *c* ; ensuite on plante au point *d* un quatrième jalon que l'on coupe à la même hauteur que le précédent ; une latte clouée à ses deux extrémités sur la tête de ces deux jalons, représente le terre-plein de la banquette ; enfin on enfonce à ras de terre, au point *f*, un petit piquet sur lequel on cloue l'extrémité inférieure d'une latte, dont l'autre extrémité est fixée à la partie supérieure du jalon de manière à ne pas la dépasser, et le profil se trouve achevé.

On construit de la même manière les profils qui servent

à régler les talus de terminaison, et ensuite les profils droits intermédiaires, en laissant entre chaque un intervalle de 4 à 5ᵐ au moins et de 10 au plus, pour régulariser suffisamment le travail sans le gêner.

241. Toutes ces opérations préliminaires étant achevées, on s'occupe de disposer les hommes pour commencer le travail. Devant l'ennemi, il est nécessaire de tenir toujours au moins un quart et même un tiers de la troupe sous les armes, et de placer des sentinelles en nombre suffisant, à une certaine distance autour de l'ouvrage; les travailleurs devront, autant que possible, conserver leurs vêtemens et leurs armes; le fusil pourra être mis en bandoulière, ou tout au moins à portée de la main pour ceux qui sont dans le fossé. Au moyen de ces précautions, si on venait à signaler l'approche de l'ennemi, on aurait le tems de prendre les dispositions nécessaires pour le recevoir.

242. Les hommes disponibles sont ensuite partagés en ateliers, dont la composition peut varier selon les circonstances, la force du détachement, etc.; on pourra les former de quinze hommes ainsi répartis, savoir :

1	Sergent ou caporal, chef d'atelier.
2	Piocheurs.
8	Pelleurs.
3	Dameurs.
1	Régaleur.

Total   15

Un pareil atelier est chargé d'exécuter 6ᵐ courant de parapet et de fossé, ce qui peut se faire, en surveillant bien le travail, dans l'espace de cinq à six jours, sans fatiguer les hommes.

243. Les sections formées et munies de leurs outils sont conduites sur l'emplacement qui leur est affecté, chacune par leur chef, qui les répartit convenablement. Les deux piocheurs commencent immédiatement à creuser le fossé, entre les deux cordeaux qui marquent la largeur qu'il doit avoir au fond seulement; ils ont avec eux quatre pelleurs qui enlèvent aussitôt les terres et les jettent sur la berme; le régaleur, muni aussi d'une pelle, les dispose entre les lignes extrêmes du profil, et les trois dameurs commencent à la tasser fortement dès qu'il y en a une couche d'environ 1 décimètre d'épaisseur; le travail se continue ensuite de la même manière, en damant toujours par couches égales et uniformément sur tous les points.

244. Le chef d'atelier surveille soigneusement l'exécution de ces prescriptions, afin que le retranchement ait partout la même consistance; il doit également vérifier à chaque instant l'inclinaison des talus à mesure que les terres s'élèvent, afin que les portions comprises entre les profils aient, sur toute l'étendue de l'ouvrage, une pente uniforme; en outre, le chef du détachement doit visiter de tems à autre les divers ateliers, pour veiller à ce que le travail avance également sur tous les points; il recommandera aux hommes l'activité sans précipitation, il leur fera sentir qu'il vaut mieux travailler modérément toute une journée, que d'user ses forces en quelques heures pour faire de mauvaise besogne.

245. Durée du travail. — La journée de travail est habituellement de douze heures; mais pour ne point exténuer les hommes, on leur donnera deux heures de repos; dans les fortes chaleurs, il sera bon de faire travailler dès le matin et aussi long-tems que possible; on donnera ensuite aux hommes une heure et demie de repos, ce qui permettra de couper encore les heures les plus fatigantes de la journée par un repos d'une demi-heure; si le détachement est assez nombreux, et que l'on soit pressé par le tems, on pourra faire travailler pendant la nuit une partie des hommes qui n'ont point été occupés pendant le jour.

246. Résultats approximatifs.—Quant au tems néces-saire pour terminer l'ouvrage, les données pouvant varier d'une infinité de manières, suivant les dimensions du fossé et du parapet, et le nombre d'ouvriers qu'on a à sa disposition, on conçoit qu'il est assez difficile de donner des appréciations rigoureusement applicables à tous les cas.

Néanmoins, si nous admettons comme terme moyen que trois hommes réunis, c'est-à-dire un piocheur et deux pelleurs, peuvent déblayer environ 6^m cubes dans la journée, les six hommes du fossé (n° 243) opèrereront chaque jour un déblai de 120^m cubes.

Or, en supposant au fossé une profondeur de 3^m sur une largeur moyenne (n° 73) de 5^m, le déblai à exécuter par un atelier (n° 242) sera de 90^m cubes ou environ; ce déblai pourra donc être exécuté dans un espace de sept à huit journées, et comme le retranchement s'élève dans la même proportion, on peut compter qu'avec un nombre d'hommes suffisant pour former les ateliers ainsi que nous l'avons indi-qué (n° 242), il faudra environ huit à dix jours pour terminer complètement un retranchement ordinaire.

247. Des diverses espèces de revêtemens. — Pour ne pas embarrasser le cours de nos explications, nous n'avons jusqu'ici fait aucune remarque sur les talus, qui sont pour la plupart consolidés par un *revêtement*, dont la nature dépend des ressources locales et du tems dont on peut disposer.

Parmi les différentes espèces de revêtement que l'on peut employer, nous décrirons particulièrement les revêtemens en *terre végétale*, en *gazons*, en *clayonnage*, en *saucissons* et en *gabions*, et nous donnerons quelques détails sur la confection des matériaux nécessaires pour les trois dernières sortes.

248. Leur emploi. — Ces revêtemens ne s'emploient pas indifféremment pour tous les talus; le premier et le deuxième peuvent être appliqués à peu près à tous les cas,

le deuxième surtout ; les trois derniers ne s'emploient qu'à
l'intérieur ou aux extrémités d'un retranchement, parce que
placés ailleurs, ils résisteraient difficilement au choc des projectiles qui rompraient aisément leur homogénéité. La plongée
n'ayant qu'une très faible pente, pourra se passer de revêtement ainsi que la banquette ; le talus extérieur suffisamment incliné, pourra aussi en être privé la plupart du tems,
surtout s'il doit être battu presqu'immédiatement ; dans les
autres cas, on le revêtira en gazon. Le talus de banquette
pouvant être promptement dégradé par le passage continuel
des hommes qui montent sur la banquette ou qui en des-
cendent, il sera bon de le revêtir soit en gazon, soit en
terre végétale. Enfin, le talus intérieur étant fort raide, et
recevant le contre-coup de tous les chocs que subit le parapet, on pourra quelquefois le revêtir en gazon, mais il
sera mieux, toutes les fois que les ressources du pays le permettent, d'employer l'une des trois dernières espèces de
revêtement.

249. REVÊTEMENT EN TERRE VÉGÉTALE. — Lorsqu'on a
l'intention de construire un revêtement en terre végétale,
on fait premièrement lever, dans toute l'étendue nécessaire, la
couche supérieure du sol jusqu'à 1 ou 2 décimètres de profondeur ; si la couche inférieure est sablonneuse sans être
cependant trop meuble, cette opération pourra s'exécuter
dans l'intérieur même de l'ouvrage, où l'on aura ainsi un sol
ferme et presque toujours sec, avantage qui n'est pas à dédai-
gner. Il sera bon d'occuper d'abord tout le monde à enlever la
terre végétale et à l'amonceler tout du long de la direction
de l'ouvrage, à environ 1 à 2ᵐ en arrière du pied du talus de
banquette. Ensuite, si le détachement ne peut fournir de
travailleurs en plus de ceux des ateliers, on distraira de chaque atelier un pelleur du fossé et un de la berme, pour travailler au revêtement.

250. Cela fait, on commence le travail sur toute la

ligne, les régaleurs ayant attention dès le principe à laisser les terres du déblai à environ 2 décimètres en dedans du cordeau qui marque le pied du talus de banquette ; en même tems les deux hommes détachés du fossé et de la berme, disposent, suivant le profil de ce talus, une première couche de terre végétale de un à deux décimètres de hauteur sur deux décimètres environ de largeur, et l'un des trois dameurs (n° 242), spécialement affecté à ce service, dame fortement cette couche ; le régaleur amène ensuite les terres du déblai jusque contre cette couche, et on dame fortement en arrière de la couche de terre végétale, afin de la lier au reste de la masse couvrante; on continue ensuite de la même manière, en ayant soin de mener toujours à peu près de front le travail du retranchement et du revêtement, et de conduire le damage bien uniformément pour ne point faire d'inégalités ou de bosses sur le talus; le chef d'atelier y veille avec soin.

251. Revêtement en gazons (pl. XVIII, fig. 14 et 15). — Les gazons employés pour revêtement sont pris de préférence dans les prairies naturelles, s'il en existe aux environs de l'ouvrage ; l'herbe doit être courte plutôt que longue, sans quoi son élasticité empêcherait les couches successives de bien joindre les unes avec les autres. Ils peuvent être coupés de deux manières : soit par bandes égales et rectangulaires de 0ᵐ, 20 à 0ᵐ, 25 de largeur, sur 0ᵐ, 30 à 0ᵐ, 35 de longueur, pour les *revêtemens ordinaires*; soit en carrés de 0ᵐ, 32 de côté et en rectangles de même largeur sur 0ᵐ, 48 de longueur, pour les *revêtemens en boutisse et panneresse*. On appelle *boutisse*, la bande rectangulaire, et *panneresse*, le carré. On se sert pour couper les gazons d'une bêche plate et bien aiguisée, que l'on enfonce un peu obliquement d'environ 0ᵐ, 15 à 0ᵐ, 18 dans le sol; on soulève la terre sur chaque face pour les détacher, on met les uns sur les autres quatre à cinq gazons, et un homme les apporte à bras au pied du talus qu'il faut revêtir; on place alors bout-à-bout un premier rang de gazons l'herbe en dessous; on enlève la terre en dessus jusqu'aux racines ; on aplanit à la pelle, le damage risquant de briser les gazons ; on dame fortement derrière, la terre du remblai, jusqu'à la hauteur de cette première couche; puis on en place une deuxième, soit dans le même sens, soit mieux, perpendiculairement, c'est-à-dire que si la première couche est placée de longueur, dans la seconde les grands côtés seront perpendiculaires à la direction du talus, les petits côtés ressortant légèrement.

252. Dans les revêtemens en boutisse et panneresse, on place alternativement une boutisse, son petit côté sur le talus, et deux panneresses, et ainsi de suite dans toute l'étendue de la première couche, en observant de bien joindre ces différentes pièces, et damant légèrement d'une manière uniforme; pour la deuxième couche, on opère de même, mais en plaçant le milieu d'une boutisse sur le joint de deux panneresses de la première, et *vice versâ* le joint de deux panneresses de la seconde sur le milieu d'une boutisse du premier rang ; on continue ensuite de la même manière par couches successives horizontales, ou très légèrement inclinées de l'extérieur à l'intérieur, et on coupe ensuite avec une pelle plate, bien aiguisée, les petites bandes qui dépassent dans chaque couche, afin de donner au talus l'inclinaison qu'il doit avoir.

Si on travaille par un tems de sécheresse, il sera bon d'arroser légèrement chaque couche avant d'en placer une autre, pour qu'elles aient entre elles toute l'adhérence nécessaire.

253. Quant aux autres sortes de revêtemens, nous espérons qu'il nous sera permis de citer presque textuellement les détails donnés à ce sujet par M. le capitaine Thiroux, professeur à l'école militaire, dans son excellent traité d'artillerie à l'usage des élèves, en reconnaissant pour notre part que nous croyons impossible de mieux dire et en

moins de mots. Ce sera sans contredit le meilleur complément que nous puissions donner à la partie pratique de
notre cours.

254. CHOIX DES MATÉRIAUX. — Les bois de fascinage
sont coupés dans les forêts voisines des ouvrages de fortification. On choisit de préférence les bois jeunes, parce qu'ils
sont plus faciles à exploiter et à mettre en œuvre.

Les bois doivent être de dimensions différentes, suivant
l'objet auquel ils sont destinés; ceux pour saucissons doivent avoir 3 à 5 centimètres de diamètre au gros bout, et
4 à 5ᵐ de longueur; ceux pour claies doivent être de
même longueur et de 3 centimètres de grosseur; ceux pour
gabions doivent avoir 1ᵐ 50 à 2ᵐ de longueur, et 9 à 12 millimètres de grosseur.

Le bois de chêne est celui qui a le plus de dureté et de
durée; à défaut de chêne, on emploie le chataignier, le cou-
drier, le charme et le saule : ce dernier bois est très facile à
travailler, mais il a peu de durée.

255. HARTS. — Les liens ou harts se font, autant que
possible, en bois de pied; ils doivent avoir 1ᵐ, 50 à 2ᵐ de
longueur, et 2 centimètres de diamètre au gros bout, être
sans nœuds et aussi droits que possible; les meilleurs sont
en chêne; à défaut de ce bois, on emploie le chataignier,
la bourdaine, le saule et l'osier, et même les sarmens de
vigne.

Les harts sont moins cassantes lorsqu'elles ont été quelque tems exposées à l'air, que quand on vient de les couper;
mais lorsqu'elles y ont été trop long-tems, il n'est pas possible de les employer; dans ce cas, on leur rend un peu de
flexibilité en les faisant tremper dans l'eau pendant vingt-
quatre heures.

256. FASCINES (pl. XVIII, fig. 16). — Les branchages
sont réunis en *fascines* grandes ou petites; les *grandes fascines* ont 4 à 5ᵐ de longueur, et 21 centimètres de diamètre;

elles sont attachées par trois harts. Il faut environ une demi-heure à trois hommes pour faire une de ces fascines. Les *petites fascines* ont 13 centimètres de diamètre, et sont attachées par deux harts.

Les fascines sont rarement employées seules pour revête-mens, à cause du grand nombre qu'il en faudrait et de leur peu de solidité; cependant, lorsqu'on s'en sert pour cet usage, on les place les unes au-dessus des autres en les assujétissant par des harts de retraite, fixées elles-mêmes à des piquets que l'on enfonce, soit dans le sol pour les premiers rangs, soit dans le massif du parapet, pour les rangs supérieurs; on dame fortement la terre sur les extrémités de ces harts; mais la multiplicité même de ces appuis auxiliaires est cause que le parapet peut être facilement ébranlé.

257. CONFECTION DES SAUCISSONS (pl. XVIII, fig. 17). — Pour confectionner les *saucissons,* les travailleurs sont divisés en ateliers de quatre hommes; chaque atelier est pourvu de deux serpes, d'un bout de mèche *(cordage de 14 à 15 millimètres de grosseur)* ayant une longueur égale à la circonférence du saucisson (1^m *environ*), d'un cabestan, cordage de 2^m de longueur, terminé par deux boucles destinées à recevoir deux leviers, et servant à serrer le saucisson, de deux leviers, d'un petit bâton de 15 à 25 centimètres de longueur pour mesurer l'écartement des harts, et d'une masse.

Les saucissons se confectionnent sur des chevalets; ces chevalets, au nombre de quatre ou six, suivant que les bois sont plus ou moins longs, sont formés chacun de deux piquets de 1^m, 60 de longueur, sur 9^c de grosseur, enfoncés du tiers de leur longueur et se croisant à angle droit, de manière que leur jonction soit à 40^c de terre. Les chevalets, pour être placés convenablement, doivent être bien alignés et distans entre eux de 1^m s'il y en à six, et de 1^m, 65 s'il n'y en a que quatre. On attache ces piquets à leur croisement, avec de la mèche à canon ou de bonne ficelle d'au moins 1ᵉ de grosseur, en observant d'arrondir le sommet de l'angle supérieur pour que le saucisson prenne une forme cylindrique. On effeuille les branchages s'ils ne le sont déjà; ensuite un homme les prend successivement, en coupe le gros bout en sifflet, redresse les parties tortueuses par un coup de serpe à mi-bois, coupe les rameaux qui sont trop difformes pour être redressés. Deux autres hommes arrangent le bois sur les chevalets, les sifflets tournés vers l'axe du saucisson, dépassant les chevalets extrêmes de 60 à 65 centimètres, et en retraite du bas en haut (*c'est-à-dire les brins supérieurs un peu en dedans des premiers*), parce que les brins supérieurs étant serrés, s'allongent en se redressant, quand on lie le saucisson.

On garnit le milieu du saucisson de grosses branches qu'on place dans son intérieur pour lui donner partout la même consistance.

Si l'homme qui prépare les branchages ne peut pas approvisionner ceux qui les placent, un de ceux-ci se joint à lui pour l'aider dans ce travail.

258 PRÉPARATION DES HARTS (pl. XVIII, fig. 18). — Pendant ce tems, le quatrième travailleur prépare les harts; à cet effet, ayant coupé les branches de la hart, il en place le plus petit bout sous le pied, à l'endroit où il commence à être assez fort pour former la boucle (*1ᵉ au moins de grosseur*); saisissant ensuite le gros bout de la main droite, il le coude un peu et le fait tourner de la main gauche, en changeant successivement la position du pied, et l'avançant au fur et à mesure pour tordre le bois dans une longueur suffisante pour entourer le saucisson. Il forme ensuite la boucle dans le sens de la torsion, au moyen d'un nœud allemand, le bout libre de la hart étant pincé entre la hart et la boucle, et celle-ci ayant assez d'ouverture pour que le gros bout puisse y être engagé.

Un homme exercé fait cinquante harts dans une heure.

259. Continuation du saucisson. — Aussitôt que l'on présume que le saucisson a la grosseur voulue, les quatre hommes se réunissent; deux d'entre eux prennent le cabestan et les deux leviers; ils passent le cabestan au-dessous du saucisson, l'enveloppent en dessus, et changent mutuellement de boucle; engageant ensuite chacun leur levier dans la boucle de leur côté, les pinces des leviers près l'une de l'autre, et se croisant sur le saucisson, puis serrant également de chaque côté afin de ne pas tordre le bois, ils abattent leurs leviers près de terre.

Le saucisson étant bien serré, les deux autres travailleurs vérifient s'il a la circonférence voulue, en l'entourant près du cabestan avec le bout de mèche qui sert de mesure. On retire le cabestan et on ôte ou remet du bois, selon que le saucisson est trop fort ou trop faible; mais s'il a la grosseur voulue, on commence à placer les harts.

260. A cet effet, un des travailleurs prend une hart et entoure le saucisson près du cabestan, la boucle en dessus, passe le gros bout de la hart dans la boucle, et tire fortement dessus en la maintenant avec le pied. Le deuxième travailleur tenant fortement la boucle, soit à la main, soit avec un petit crochet, aide le premier; celui-ci tord la hart, puis, lorsqu'elle est bien souple, il lui fait décrire un cercle de manière à entourer la partie de la hart excédant la boucle avec celle qu'il vient de tordre, et à faire un nœud en forme de rosette. Il place ensuite l'excédant de la hart dans le corps du saucisson, de manière à ce qu'il soit recouvert par les harts suivantes.

On lâche doucement les leviers, pour que le ressort du bois ne fasse pas casser les harts, les hommes du cabestan changeant mutuellement de levier pour desserrer le saucisson ou le serrer. On place une deuxième hart de la même manière, et ainsi de suite; l'espacement des harts est d'ailleurs donné, ainsi que nous l'avons dit (n° 257), par une petite mesure de 16 à 27 centimètres de longueur, suivant la force des bois de fascinage ou la grosseur des harts.

261. Les harts doivent être placées de manière que leurs nœuds soient sur une même ligne, autrement ces nœuds pouvant se trouver entre deux saucissons, les empêcheraient de se joindre et de se placer correctement. On commence à placer deux harts à chaque extrémité du saucisson, et une au milieu; on retourne ensuite à l'un des bouts, et on continue à lier le saucisson dans toute sa longueur.

Le saucisson fini, on le *pare* en ôtant avec la serpe tous les menus branchages qui en ressortent; on le pose à terre, on le *dresse* en le frappant tout doucement avec la masse, et on le porte au dépôt.

Il faut six fascines ordinaires et trois heures pour faire un saucisson : sa longueur est de 6^m sur un diamètre de 0^m, 33.

Le saucisson pèse environ 120 kilogrammes.

262. REVÊTEMENS EN SAUCISSONS. — Pour construire un revêtement en saucissons, on commence par faire en dedans du tracé une rigole de 9 centimètres de profondeur, sur 32 de largeur environ; on nivelle cette rigole avec une grande règle et un niveau de maçon (n° 281), puis on coupe deux saucissons perpendiculairement à leur axe; on les place dans la rigole, les nœuds des harts en dedans, le premier sur le côté intérieur, la partie coupée au point ou doit commencer l'épaulement, et le deuxième à l'extrémité du retranchement, touchant le premier et recouvert par lui. On assujétit ces deux saucissons par des piquets enfoncés verticalement de quatre en quatre harts; mais comme il entre ordinairement plusieurs saucissons dans la base du talus intérieur, on ne plante les deux derniers piquets du saucisson déjà placé, qu'après l'avoir réuni à un autre. Cette jonction se fait en soulevant la tête (*ou partie non coupée*) du premier saucisson, à l'aide d'une masse, et en y enfonçant celle du nouveau qu'on balance un instant à bras d'hommes dans la direction convenable.

On piquète en partie le nouveau saucisson, on en ajoute un autre, et on continue ainsi en ayant soin de couper le dernier, de manière qu'il s'arrête au point où finit l'épaulement, et qu'il recouvre le saucisson de cette autre extrémité du retranchement.

263. On place un second rang de saucissons sur le premier, faisant en sorte que les saucissons des côtés soient apparens sur le talus intérieur, et qu'ils recouvrent les bouts du second rang de saucissons de ce talus, contrairement à ce qui a été fait en premier lieu. Le troisième rang se place comme le premier, et le quatrième comme le second; par cette construction, les bouts des saucissons se croisent aux angles du retranchement, ce qui lui donne plus de solidité.

Pour donner au revêtement le talus qu'il doit avoir, chaque rang de saucissons est placé en retraite du précédent de 8 centimètres, tant sur le talus intérieur que sur les côtés. On aligne les saucissons d'un même rang au moyen d'un cordeau. A mesure qu'on place un rang de saucissons, on a soin de le lier immédiatement au restant de l'ouvrage, en remblayant de la terre bien damée, jusqu'à sa partie supérieure. On observe en outre que les joints d'un rang soient toujours couverts par les pleins du rang supérieur.

264. REVÊTEMENT D'UNE BATTERIE. — De plus, lorsqu'il s'agit d'une batterie, on a soin que dans le quatrième rang qui forme la genouillère (n° 117), il ne se trouve pas de joints à l'endroit des embrâsures. On assujétit ce dernier rang au moyen de harts de retraite, fixées au milieu de chaque merlon, à l'aide d'un fort piquet à mentonnet (n° 203). Les piquets qui servent à *larder* ou attacher les saucissons, doivent être enfoncés bien verticalement, afin qu'ils ne ressortent pas au dehors. On continue alors le revêtement du talus intérieur et des côtés de la batterie, observant de couper carrément les saucissons aux deux côtés de l'ouverture intérieure, qui doivent être bien verticaux. (*Voyez première partie, chapitre* Ier, *n*° 117).

265. Lorsqu'on travaille à proximité de l'ennemi, le revêtement des embrâsures présentant de grands dangers, se fait ordinairement de nuit. On a soin dans ce cas de couvrir les travailleurs par un *masque* qui ferme l'ouverture intérieure ; ce masque consiste souvent en un petit épaulement irrégulier en terre, de 1^m d'épaisseur, ou en trois rangs de gabions (*voyez plus loin, n*° 268), deux pleins de terre, placés sur la berme, un troisième rempli de fascines surmontant les deux premiers et couvrant les travailleurs.

266. Pour faire le revêtement des embrâsures, on pratique deux rigoles suivant la direction des joues (n° 117), et en dedans des piquets qui en déterminent les ouvertures intérieure et extérieure ; on leur donne une pente égale à celle du dessus de l'épaulement, et on place dans chacune d'elles, un premier saucisson dont la tête, coupée carrément, s'appuie sur le cinquième rang du talus intérieur, sans dépasser l'ouverture intérieure de l'embrâsure. Sur ce premier saucisson, préalablement bien assujéti, on en place deux autres dont les bouts coupés posent bien verticalement les uns sur les autres et s'appuient contre le revêtement, et dont les bouts non sciés vont en s'écartant de 11 centimètres les uns des autres de manière à former une surface gauche, et à donner à la partie supérieure de l'ouverture extérieure de l'embrâsure une largeur convenable (n° 117).

267. Gabions (pl. XVIII, fig. 19). — Les *gabions* sont des paniers sans fond, destinés à être remplis de terre ; ils doivent être à peu près cylindriques, et avoir 60 centimètres de diamètre extérieur sur 1^m de hauteur. Pour confectionner des gabions, les travailleurs sont divisés en ateliers de deux ou trois hommes, selon que les bois sont plus ou moins faciles à travailler. Chaque atelier est muni d'une serpe, d'un maillet, d'un petit cordeau de 0^m, 25 de longueur terminé par deux petits piquets, et d'un petit bâton destiné à servir de mesure pour espacer également les piquets du gabion.

Il est nécessaire qu'il y ait en outre une scie et une pioche, pour deux ou trois ateliers.

268. On emploie ordinairement pour faire un gabion, sept piquets de 1^m, 16 à 1^m, 20 de longueur sur 4 centimètres de grosseur.

Un travailleur effeuille les branchages, redresse les *brins* et les prépare; pendant ce tems, les deux autres choisissent un terrain de niveau, y tracent un cercle de 0^m, 50 de diamètre, au moyen du petit cordeau, et divisent le cercle en sept parties égales, au moyen de la petite mesure; puis ils plantent aux points de division les sept piquets du gabion aussi verticalement que possible, les enfoncent de 0^m, 16 à 0^m, 20 suivant leur longueur, et commencent à clayonner.

269. A cet effet, l'un des deux travailleurs prend une petite poignée de bois, deux ou trois branches ou plus, suivant la grosseur, et en forme un *brin*, place le gros bout de ce brin en dedans du piquet A par exemple, et passant en dehors du piquet B; place un deuxième brin en dedans du piquet B, et en dehors du piquet C; passe ensuite autour du piquet B le premier brin sur le deuxième, pour l'amener en dedans du piquet C; amène ensuite le deuxième sur le premier, pour l'amener en dedans du piquet D, en le serrant en dehors sur le piquet C, et continue ainsi, recroisant toujours les brins entr'eux, et faisant toujours passer le brin qui vient du dessous par dessus l'autre, ajoutant du bois à chaque brin, à mesure qu'il s'amincit, de manière à lui conserver toujours à peu près la même grosseur, en ayant soin que le gros bout des branches qu'il ajoute se trouve appuyé contre un piquet et dans l'intérieur du gabion. Le troisième travailleur aide le deuxième à passer les bois, les lui choisit et le remplace au besoin, quand il est fatigué.

270. A mesure que le clayonnage monte, on le serre avec le maillet; lorsqu'il est arrivé à 1^m de hauteur, on l'arrête avec quatre petites harts également espacées, et fixées chacune à la tête d'un piquet.

On arrache ensuite le gabion, on le renverse, on l'attache par en bas de la même manière, et on le pare à l'extérieur avec la serpe, en coupant toutes les menues branches qui en ressortent.

271. On se sert aujourd'hui de *gabarits*, formés de deux cerceaux concentriques, assujétis ensemble par quatre taquets assez forts, pour que les plus gros piquets puissent passer librement entre les cerceaux. Des crans qui se trouvent en dehors du gabarit servent à fixer la position des piquets. Il suffit alors de placer le gabarit sur le sol, et de planter les piquets entre les cerceaux, à hauteur du cran auquel ils doivent correspondre.

Pour donner au gabion une forme plus régulière, on attache le gabarit avec des harts, au milieu de la hauteur des piquets, puis on commence le gabion sur le gabarit; lorsque le clayonnage est arrivé au sommet des piquets, on l'assujétit comme à l'ordinaire, on arrache ensuite le gabion, on le renverse les pointes en l'air, on ôte le gabarit, puis on achève le clayonnage comme à l'ordinaire.

A défaut de gabarit, on peut faire usage d'un cerceau auquel on attache les piquets, et qu'on retire quand le clayonnage est moitié fait. Cette méthode donne des gabions bien réguliers.

L'atelier fait un gabion dans une heure environ.

Le gabion pèse 30 à 35 kilogrammes.

272. Revêtemens en gabions. — Les revêtemens en gabions étant composés de parties détachées, ont l'avantage d'être plus faciles à réparer, la destruction ou le dérangement d'un gabion n'entraînant pas celle des gabions voisins, comme il arrive dans les revêtemens en saucissons. On conçoit que dans les batteries, cette raison fait que les gabions conviennent parfaitement pour les embrâsures ; mais ils ne sont pas tout-à-fait d'un aussi bon service pour le revêtement du talus intérieur, attendu qu'on est obligé de les lier les uns aux autres, pour les mettre en état de résister à la poussée des terres, et qu'alors ils présentent l'inconvénient des revêtemens en saucissons. Cette construction est particulièrement employée quand la nature du terrain ne permet pas d'enfoncer les piquets destinés à fixer les saucissons (n° 267).

273. Pour construire une revêtement en gabions, on pratique en dedans du tracé une rigole pour les recevoir ; puis on les place les pointes en bas, et ayant deux de leurs piquets sur la ligne même du tracé, on les incline en arrière d'au moins 0^m, 20 pour les mettre en état de résister à la poussée des terres, et après les avoir alignés en haut et en bas avec un cordeau, on les enfonce et on les remplit de terre.

274. Ce premier travail fait, on place sur les gabions un rang de saucissons bien piquetés et retenus par des harts de retraite de distance en distance (n° 265). Dans les batteries, où ce rang de saucissons forme la genouillère, les harts de retraite sont fixées au milieu de chaque merlon, ou demi merlon. On ménage une petite retraite de 0^m, 10 du devant des saucissons à celui des gabions, puis on place le second rang de gabions, incliné en arrière de 0^m, 20, deux piquets pénétrant dans le milieu du rang des saucissons ; on retient tous les gabions supérieurs en les liant ensemble et en y mettant des harts de retraite.

275. Pour former les embrâsures, on supprime le gabion correspondant à l'ouverture intérieure. Le revêtenient des joues se fait en plaçant les gabions au moyen d'un cordeau que l'on tend suivant l'arête supérieure de la joue, ce qui détermine le talus de chaque gabion suivant sa position.

Quelquefois on place les gabions presque verticalement; dans ce cas, ceux du rang supérieur sont en arrière de 0^m, 33, et correspondant aux joints du rang inférieur.

Si le terrain était sablonneux, on mettrait une hart de retraite à chaque gabion.

276. CLAIES.— Les *claies* sont des espèces de rectangles en clayonnage, de 2^m à 3^m de longueur et de 1^m, 30 de hauteur; mais ordinairement on les fait sur place, et embrassant tout l'épaulement; ce revêtement est plus promptement fait et plus solide que celui par claies détachées.

277. CONFECTION (pl. XVIII, fig. 20). — Les claies se font à peu près comme les gabions, excepté que leurs piquets sont plantés en ligne droite, et qu'on n'entrelace qu'un seul brin à la fois (n° 270); l'extrémité de chaque rang doit être tortillée, afin de pouvoir embrasser, sans se casser, le piquet extrême de la claie, sans quoi les piquets ne tiendraient pas et la claie manquerait de solidité. On place alternativement un gros bout de chaque côté de la claie pour lui donner partout la même consistance.

Les claies renferment dix piquets de 1^m, 46 de longueur, et de 0^m, 04 de diamètre; ces piquets, comme ceux des gabions, s'enfoncent en terre de 0^m, 16 environ.

Deux hommes font une claie en un heure à une heure et demie..

Les claies pèsent à peu près autant que les gabions.

278. REVÊTEMENS EN CLAIES. — Lorsque les claies se font sur place, on plante d'abord les piquets suivant l'inclinaison du talus, on se sert d'un cordeau pour les aligner au pied et à la tête, observant de les coucher un peu plus qu'il ne faut, attendu qu'il est toujours facile de faire sortir les claies en damant de la terre derrière, tandis qu'il est impossible de les faire rentrer lorsque les terres sont placées.

Les bois à clayonner, débarrassés de feuilles, branchages et rameaux quelconques, sont passés par rang alternativement en dehors et en dedans des piquets; on varie la grosseur des bois suivant le besoin, de manière que le revêtement monte bien de niveau, et on le serre de tems en tems avec le maillet.

On a soin de tordre les branchages autour des piquets des angles, afin de pouvoir les entourer sans que le bois ne se casse; on dame les terres derrière la claie à mesure qu'elle monte, et on maintient les piquets, de deux en deux, par deux harts de retraite, l'une au milieu, et l'autre à la partie supérieure; on arrête également le clayonnage quand il est parvenu à sa hauteur, comme dans les gabions, par de petites harts de distance en distance, et fixées à la tête d'un piquet.

Ces revêtemens emploient trois ou quatre fois moins de bois que ceux en saucissons, durent plus long-tems, et sont d'une construction plus prompte et plus facile; à la vérité, ils ont moins de solidité, mais ils n'en sont pas moins précieux lorsqu'on est pressé par le tems.

279. Enfin nous ferons observer que les revêtemens étant, dans la plupart des cas, indispensables, au moins pour le talus intérieur, on ne devra y renoncer qu'à la dernière extrémité.

A défaut des objets dont nous venons d'indiquer la confection et l'emploi, on devra faire usage de tous ceux que présentent les localités, comme *barils*, *planches*, *chevrons*, *sacs* remplis de terre, etc. On peut, si on connaît d'avance la pauvreté du point où l'on doit s'établir, se munir de sacs en toile très forte que l'on trouve tout confectionnés dans les arsenaux; leurs dimensions, quand ils sont pleins, sont de 0ᵐ, 48 de longueur, et de 0ᵐ 28 de diamètre ; ils pèsent environ 30 kilogrammes, et peuvent remplir, sans trop de désavantage, l'office de gabions.

280. Opération pratique du défilement. — Lorsque l'on élève un ouvrage à proximité d'une hauteur de quelque importance, il faut, aussitôt le tracé de la ligne de feu bien jalonné, s'assurer, avant de construire les profils, si l'ennemi ne pourrait pas en s'en emparant, plonger par dessus le parapet dans l'intérieur du retranchement. C'est ce qui constitue l'opération pratique du *défilement* dont nous allons donner une idée succincte. On commence par déterminer la ligne en deçà de laquelle on veut être *défilé (c'est-à-dire à l'abri)* derrière le parapet. Cette ligne se nomme *ligne de défilement*, et on établit, sur cette direction, une traverse ou tringle de bois soutenue par deux piquets à 1ᵐ environ du sol. *(On a vu dans la première partie, chapitre 2, nº 151, quelles conditions devait remplir cette ligne)*.

On se place alors en arrière de cette tringle, les yeux à sa hauteur, et on dirige un rayon visuel le long de son arète supérieure, vers le sommet de la hauteur ; on détermine ainsi un véritable plan, tangent à ce mamelon, et qui porte le nom de *plan de site artificiel ;* nous disons artificiel, car le véritable plan de site (nº **154**) serait celui que l'on aurait obtenu si l'on avait pu placer la traverse tout-à-fait contre le sol. On conçoit aisément que dans ce cas, pour être parfaitement à l'abri, il faudrait élever toute la fortification à 2ᵐ, 50 au-dessus de ce plan ; mais comme la ligne dont on s'est servi est déjà élevée de 1ᵐ, il ne reste plus qu'à élever le retranchement à 1ᵐ, 50 au-dessus du plan de site artificiel. Pour arriver à ce résultat, en visant le point dominant de la hauteur, on fait marquer par un homme muni d'un petit morceau de papier dont il entoure le jalon situé près de lui, le point où chacun de ces jalons est rencontré par le rayon visuel ; on fait ensuite une marque à 1ᵐ, 50 au-dessus de ce rayon, et l'on a ainsi la hauteur de la ligne de feu de chacun en ces points.

On n'a plus qu'à construire les profils comme il a été expliqué (n° 240). Seulement comme tous ces profils pourraient occasionner une différence pour l'évaluation de la largeur du fossé, on calculera ces valeurs immédiatement, et on adoptera, pour largeur uniforme tout autour de l'ouvrage, la moyenne de ces résultats.

FIN DE LA DEUXIÈME PARTIE.

TROISIÈME PARTIE.

—

APERÇUS NUMÉRIQUES.

281. Nous donnerons dans cette partie quelques détails sur les dimensions supérieure et inférieure des ouvrages, sur l'évaluation de leur surface intérieure et de leur contenance en hommes; la proportion d'une garnison nécessaire pour une bonne défense, la répartition des combattans, enfin quelques données sur la portée et l'effet des projectiles, et par suite, l'épaisseur des masses couvrantes suivant le calibre des pièces auxquelles elles pourront avoir à résister.

Nous commencerons par évaluer en nombres les limites que nous avons déjà déterminées géométriquement au commencement du cours, relativement aux lignes à redans, à crémaillères et bastionnées. *(Voy. 1re partie, ch. 1er, n°s 101 à 111).*

Toutefois, comme nous pourrons être obligés, pour bien traiter cette question, d'avoir quelquefois recours à des principes de géométrie dont il n'a pas été parlé jusqu'ici, nous laisserons en petits caractères le détail des calculs, afin qu'on puisse les négliger s'ils paraissent difficiles à suivre, et nous ferons ainsi ressortir d'une manière plus frappante les résultats qu'ils auront fournis. Nous bannirons même entièrement du texte, pour les renvoyer dans des notes, ceux qui nécessiteraient l'emploi d'autres connaissances que celle de la géométrie purement élémentaire. *(Voir pour cette partie la planche* **XIX.***)*

282. Etendue, maximum des fronts d'une ligne a redans. — Soit donc, en premier lieu, ZZ' la droite indéfinie qui contient les saillans d'une ligne à redans, et BAC le premier de la ligne ; nous obtiendrons le saillant du redan au maximum d'écartement, ainsi que nous l'avons expliqué (n° 101), en menant AA' perpendiculaire sur AC et égale à 200^m, et abaissant sur ZZ' la perpendiculaire A'R qui la rencontre au point R ; ainsi c'est donc la longueur AR qu'il s'agit d'évaluer. A cet effet, nous rappellerons une proposition de géométrie élémentaire, où il est dit que deux triangles ayant les côtés respectivement perpendiculaires sont semblables, et que, par suite, les côtés correspondans sont proportionnels. Les deux triangles ADC, ARA', remplissant cette condition, nous donnerons donc la proportion :

$$AC : AA' :: AD : AR,$$

où tous les termes sont connus, excepté AR ; en sorte, que nous déduirons de là :

$$AR = \frac{AA' \cdot AD}{AC}.$$

Or, AA', ainsi que nous l'avons supposé = 200^m ; AD, capitale du redan = 55^m pour les grands redans, et 44^m pour les petits ; enfin on trouverait facilement (*) que AC, hypothénuse du triangle rectangle ADC, dont on connaît les deux côtés AD et DC, est égal à 68^m pour les grands redans, et à 53^m pour les petits. Nous avons donc en définitive pour la valeur de AR :

1° Dans une ligne à grands redans : $AR = \dfrac{55 \cdot 200}{68} = 162^m$

2° Dans une ligne à petits redans : $AR = \dfrac{44 \cdot 200}{53} = 166^m$

ce qui signifie que :

Les fronts d'une ligne à redans ne peuvent être de plus de 162^m pour une ligne à grands redans, ni plus de 166^m pour les petits, dans le cas où ils ne seraient défendus que par de l'infanterie.

Si au contraire on les suppose garnis d'artillerie, l'effet de la mitraille pouvant être considéré comme assuré à la

---

(*) $\overline{AC}^2 = \overline{AD}^2 + \overline{CD}^2$; d'où $AC = \sqrt{\overline{AD}^2 + \overline{DC}^2}$

c'est-à-dire pour les grands redans : $AC = \sqrt{(55)^2 + (40)^2} = 68^m$

et pour les petits : $AC = \sqrt{(44)^2 + (30)^2} = 50^m$

distance de 300ᵐ, ces limites s'étendraient en proportion ; il ne s'agirait d'ailleurs que de remplacer dans le calcul le nombre 200 par 300.

283. ÉTENDUE MINIMUM. — Nous savons ensuite que pour obtenir le saillant du redan au minimum d'écartement (n° 112), il faut élever au point C une perpendiculaire à AC, et mener par le point a, pied du talus extérieur au saillant du premier redan, une parallèle à ZZ' ; puis du point r, où ces deux droites se rencontrent, abaissant une perpendiculaire sur ZZ', le point R', où cette perpendiculaire rencontre ZZ', est le saillant cherché : c'est donc ici la ligne AR' dont il s'agit de déterminer la longueur.

Toutefois, nous considérerons de préférence la droite Dr' qui lui est égale, parce que nous en connaissons déjà une partie DC (qui n'est autre chose que la demi-gorge), et que le reste Cr' de cette droite, est compris dans le triangle Crr', semblable au triangle ADC, d'après la proposition citée plus haut.

De cette similitude nous tirerons la proportion :

$$DC : rr' :: AD : Cr'$$

et par suite :

$$Cr' = \frac{AD \cdot rr'}{DC}$$

Or, AD = 55ᵐ ou 44, selon qu'il s'agit de grands ou de petits redans, DC = 40 ou 30ᵐ dans le même cas ; il ne reste donc à déterminer que rr' ; mais comme cette droite est égale à aD, on peut la considérer comme la somme des deux parties AD et Aa ; AD est connue ainsi que nous venons de le dire ; quand à la valeur de Aa, on obtient par un calcul extrêmement simple (*), Aa = 8,50.

(*) Si on abaisse du point A, une perpendiculaire AH, sur ac, on aura un petit triangle AaH, dans lequel on connait AH, épaisseur du parapet (y compris le talus extérieur), soit 5ᵐ, et de plus l'angle AaH qui n'est autre chose que le demi-angle du saillant (36° 1' 40'') ; ce triangle fournira donc, d'après les formules trigonométriques, la relation :

$$A a = \frac{AH}{s.\,ang.\,a} \text{ ou } = \frac{5}{\text{Sin. }36°\ 1'\ 40''}$$

De là on tire :

Log. Aa = log. 5 — log. sin. 36° 1' 40''.... etc., = 0,9294617,

ce qui donne en définitive :

$$A a' = 8^m,50.$$

De là on conclut selon qu'il s'agit de grands ou de petits redans :

$$1° \quad aD \text{ ou } rr' = 55^m + 8^m,50 = 63,50 ;$$

$$2° \quad \ldots\ldots\ldots rr' = 44^m + 8^m,50 = 52.50.$$

Enfin, remplaçant AD, rr' et DC, par leur valeur, l'équation que nous avons tirée de la proportion ci-dessus, devient :

$$1° \text{ Pour une ligne à grands redans : } Cr' = \frac{55 \cdot 63,50}{40} = 127^m$$

$$2° \text{ Pour une ligne à petits redans : } Cr' = \frac{44 + 52.50}{30} = 107^m$$

ce qui signifie que :

Les fronts d'une ligne à redans ne pourront avoir moins de 127^m de longueur pour des grands redans, ni moins de 107^m pour des petits redans.

284. Lignes a crémaillères.— Pour rendre les lignes à crémaillères susceptibles d'une meilleure défense, en augmentant le flanquement de leurs diverses parties, on exige que les feux d'une petite face battent non seulement le secteur sans feux qui les avoisine immédiatement, mais encore une partie du suivant.

Ainsi soit BACDEF.......etc., le tracé d'une ligne à crémaillères ; il faut que le coup de feu extrême Bt, parti de l'extrémité de la petite face AB, arrive au moins sur la perpendiculaire Et, qui limite le deuxième front à droite de AB.

Étendue maximum.— En conséquence, dans le triangle rectangle BtE, nous ferons Bt = 200^m, et nous observerons en outre que la droite Bt, parallèle à AC, a comme celle-ci l'inclinaison de $\frac{1}{3}$ sur BC (109), c'est-à-dire que E$t = \frac{1}{3}$ de BE ; ainsi désignant BE par x, on aura E$t = \frac{x}{3}$. Or, le triangle BtE fournit la relation :

$$\overline{Bt}^2 = \overline{BE}^2 + \overline{Et}^2, \text{ ou } (200)^2 = x^2 + \left(\frac{x}{3}\right)^2$$

De là on conclut :

$$x = \sqrt{\frac{40000 \cdot 9}{10}} = \sqrt{36000} = 189,94.$$

Mais la ligne BE ou x, représentant un double front, il faut en prendre la moitié pour avoir la valeur d'un front unique, ce qui conduit à dire que :

L'étendue d'un front d'une ligne à crémaillères ne pourra dépasser 94^m, 87.

Si les petites faces sont garnies d'artillerie, cette limite s'étendra jusqu'à 142^m, 50.

Nous remarquerons ici que souvent, en pratique, on se contente d'assurer le flanquement complet du secteur sans feux qui avoisine chaque petite face ; c'est ce qui a porté à fixer à 120^m la limite supérieure des fronts, parce qu'avec ces dimensions, ils remplissent avantageusement la condition que nous venons d'exprimer.

285. Etendue minimum.— Quant à l'étendue minimum des fronts, elle est limitée par cette condition, que les petites faces conservent une longueur suffisante pour être d'une bonne défense ; sous ce rapport, ces faces ne sauraient avoir moins de 15 à 20^m, afin de pouvoir fournir un feu bien nourri, surtout si on ne peut disposer que de deux rangs de fusiliers.

Pour trouver une relation entre la longueur des faces et celle des fronts, nous considérerons le triangle rectangle BAC où ces deux lignes sont contenues, et nous remarquerons, comme dans le cas précédent, que le petit côté BA, de l'angle droit, est le tiers de l'autre côté AC, adjacent au même angle, c'est-à-dire que AC = 3BA. Ce triangle nous donnera donc :

$$\overline{BC}^2 = \overline{BA}^2 + \overline{3BA}^2 ;$$

ou, en supposant BA = 16^m par exemple, et représentant BC par x :

$$x^2 = (16)^2 + (48)^2 = 2560,$$

d'où

$$x = \sqrt{2560} = 50,60 ;$$

ce qui veut dire que :

L'étendue d'un front d'une ligne à crémaillères ne pourra être moindre de 50^m, 60.

286. Fronts bastionnés. — Nous allons actuellement nous proposer d'évaluer l'étendue maximum que peut avoir un front bastionné, pour être susceptible d'une bonne défense.

ÉTENDUE MAXIMUM. — La condition essentielle que doit remplir un front bastionné, c'est que les feux des flancs doivent protéger de chaque côté la moitié au moins du secteur sans feux du bastion qui leur est opposé.

Ainsi soit ABCDEF, le tracé d'un front bastionné ; le dernier coup de feu parti de l'extrémité E du flanc DE par exemple, devra au moins arriver sur la capitale AG du bastion qui lui est opposé ; et comme nous avons supposé que la portée maximum du fusil, pour être d'un bon effet, était de 200^m, cela revient à dire que la ligne EG représentant le coup de feu extrême, ne pourra avoir plus de 200^m. Il s'agit donc, connaissant EG $= 200^m$, de trouver quelle sera la longueur correspondante du front.

287. En premier lieu, joignons BE, que nous prolongerons de part et d'autre jusqu'à la rencontre des deux capitales aux points I et K ; la droite résultante est évidemment parallèle à AF, et les deux capitales étant elles-mêmes parallèles entre elles, il s'en suit que IK $=$ AF ; de plus, la droite GE, parallèle à AD, est, comme cette droite, inclinée à $\frac{1}{4}$ sur AF et sur sa parallèle IK, d'après le tracé même du front (n° 96). En conséquence, le triangle rectangle GEI nous donnera déjà une relation où entrera la valeur connue GE, à savoir :

$$\overline{GE}^2 = \overline{EI}^2 + \overline{IG}^2 ;$$

représentant GE par a, EI par b, et rappelant que IG $= \frac{1}{4}$ de EI ou $\frac{1}{4}$ de b, cette relation deviendra :

$$a^2 = b^2 + \left(\frac{b}{4}\right)^2 = b^2 + \frac{b^2}{16} = \frac{17 b^2}{16}$$

d'où l'on tirera successivement :

$$16 a^2 = 17 b^2, \quad \frac{16 a^2}{17} = b^2,$$

et enfin :

$$b = \sqrt{\frac{16 a^2}{17}} = \frac{4a}{\sqrt{17}}$$

Actuellement, b pouvant être considéré comme connu, il ne s'agit plus que de trouver une relation entre b ou EI, et le front total représenté IK; mais comme IE $=$ IK $-$ EK, nous allons premièrement chercher la valeur de EK; or, le triangle rectangle EKF donne la relation :

$$\overline{EF}^2 = \overline{EK}^2 + \overline{KF}^2;$$

représentant par x la ligne EF, qui est égale d'après le tracé à $\frac{1}{4}$ du front total, représentant encore EK par c, et rappelant que KF $= \frac{1}{4}$ de EK ou de c, cette relation se présentera sous la nouvelle forme :

$$x^2 = c^2 + \left(\frac{c}{4}\right)^2 = c^2 + \frac{c^2}{16} = \frac{17c^2}{16}$$

d'où l'on tirera successivement :

$$16x^2 = 17c^2, \quad \frac{16x^2}{17} = c^2,$$

et enfin :

$$c = \sqrt{\frac{16x^2}{17}} = \frac{4x}{\sqrt{17}}$$

Revenons maintenant à l'égalité intermédiaire :

$$IE = IK - EK$$

remplaçons-y IE par b, observons en outre que IK, étant égal au front total, peut être représenté par $3x$, et remplaçons EK par sa valeur $\frac{4x}{\sqrt{17}}$, cette équation deviendra :

$$b = 3x - \frac{4x}{\sqrt{17}}.$$

Mais la première équation nous donne, d'autre part, pour valeur de b :

$$b = \frac{4a}{\sqrt{17}}.$$

Ces deux valeurs représentant la même quantité, doivent être égales; elles donnent donc l'équation :

$$3x - \frac{4x}{\sqrt{17}} = \frac{4a}{\sqrt{17}};$$

multipliant de part et d'autre par $\sqrt{17}$ pour chasser ce dénominateur, on a :

$$3x \cdot \sqrt{17} - 4x = 4a;$$

puis par les transformations successives dont nous avons parlé à la fin de l'introduction :

$$x\,(3\sqrt{17} - 4) = 4a;$$

$$\text{d'où } x = \frac{4a}{3\sqrt{17} - 4} = \frac{800}{3\sqrt{17} - 4} = 95,59.$$

Or, x, avons-nous dit, représente $\frac{1}{3}$ du front total; celui-ci sera donc égal à trois fois 95,59, ou 286ᵐ,80; ainsi :

288. L'étendue maximum des fronts d'une ligne bastionnée sera rigoureusement de 286ᵐ, 80.

Si on suppose les flancs garnis d'artillerie, dont la portée redoutable est, ainsi que nous l'avons admis jusqu'ici, de 300ᵐ, la ligne EG, représentée ici par a, sera égale à 300ᵐ au lieu de 200; mais la marche du calcul restant toujours la même, on trouvera pour la valeur de x, $x = 143$ᵐ, 387, ou le front total $= 430$ᵐ, 16.

Toutefois, pour protéger plus efficacement encore les secteurs sans feux des bastions, qui sont les points les plus vulnérables, on fixe la limite supérieure de l'étendue des fronts à 280ᵐ quand ils ne sont garnis que d'infanterie, et à 400ᵐ lorsque les flancs sont munis d'artillerie.

289. Limite minimum. — La limite minimum de l'étendue des fronts bastionnés se détermine d'une manière analogue à celle des lignes à crémaillères; les flancs étant les parties les moins étendues, il est nécessaire d'en limiter la réduction, de manière à leur conserver un développement suffisant pour remplir leur important objet, ce qu'ils ne peuvent faire s'ils n'ont au moins une longueur de 15 à 16ᵐ en minimum.

La question se réduit donc, comme dans le cas que nous

venons de citer, à trouver une relation entre le front ou une partie entière du front, et l'un quelconque des flancs (puisque tous deux ont la même valeur).

Pour trouver cette relation, on considérera le triangle rectangle BDE, où l'on représentera le côté BE par y, et le côté ED par z, en observant que BD $=$ quatre fois DE, où $4z$; ce triangle donnera la valeur de z relativement à y, par l'équation suivante, dont nous indiquerons de suite les transformations successives :

$$y^2 = z^2 + (4z)^2; \quad y^2 = z^2 + 16z^2 = 17z^2; \quad z^2 = \frac{y^2}{17};$$

et enfin :

$$z = \sqrt{\frac{y^2}{17}} = \frac{y}{\sqrt{17}}.$$

Pour trouver maintenant la valeur de y, par rapport au front total, ou seulement à x qui en est le tiers, on remarquera que y ou EB, n'est autre chose que IK ou $3x$, moins deux fois EK (puisque EK $=$ IB). Or, EK, représenté dans le calcul précédent par c (n° 287), est égal à $\dfrac{4x}{\sqrt{17}}$;

donc, deux fois EK, ou $2c = \dfrac{8x}{\sqrt{17}}$.

De là on tire l'équation de suite transformée :

$$y = 3x - \frac{8x}{\sqrt{17}} = \frac{x\,(3\,\sqrt{17} - 8)}{\sqrt{17}}.$$

Remplaçons maintenant y, par cette valeur toute connue, dans l'équation première :

$$z = \frac{y}{\sqrt{17}}.$$

Cette équation deviendra, en la transformant rapidement :

$$z = \frac{\dfrac{x\,(3\,\sqrt{17} - 8)}{\sqrt{17}}}{\sqrt{17}} = \frac{x\,(3\,\sqrt{17} - 8)}{17}$$

d'où l'on tirera ensuite successivement :

$$17z = x\,(3\,\sqrt{17} - 8), \quad \text{et } x = \frac{17z}{3\,\sqrt{17} - 8},$$

c'est-à-dire la valeur de x, relativement au flanc z; de sorte que si on fait $z = 15$, on aura :

$$x = \frac{17 \cdot 15}{3 \sqrt{17} - 8} = 58,33; \text{ ou, front total} = 3 \cdot 58,33 = 174,99 = 175^m$$

et si on fait $z = 16$:

$$x = \frac{17 \cdot 16}{3 \sqrt{17} - 8} = 62; \text{ ou, front total} = 3 \cdot 62 = \ldots\ldots\ldots\ldots\, 186^m$$

Ainsi, on trouverait qu'en donnant aux flancs une longueur de 15^m par exemple, l'étendue minimum des fronts serait de 175^m; et qu'avec des flancs de 16^m, cette limite serait de 186^m. On prend pour la pratique un terme moyen, en posant en principe que :

La longueur des fronts bastionnés ne peut être moindre de 180^m.

290. Fort bastionné. — On a pu remarquer que dans les derniers paragraphes, nous nous sommes occupés seulement des limites d'un front bastionné considéré isolément, et non de ses proportions quand on l'emploie dans tel ou tel ouvrage ; ainsi les résultats que nous avons obtenus, s'appliquent en général à tous les ouvrages où ce tracé est mis en usage, et notamment aux ouvrages à cornes ou à couronne, aux lignes et aux forts bastionnés.

En conséquence, nous sommes conduits à reconnaître qu'un fort bastionné, soit carré, soit d'un nombre quelconque de côtés, ne pourra avoir, sur chaque face, plus de 280^m, ni moins de 180^m de longueur, et il ne nous restera plus à considérer parmi les ouvrages fermés, en procédant par ordre de grandeur, que le fortin étoilé et la redoute simple.

291. Etendue maximum du fortin étoilé a 8 pointes. — La limite maximum du fortin étoilé sera déterminée, comme toutes celles dont nous avons parlé jusqu'à présent, par la condition de conserver un flanquement suffisant pour bien couvrir les secteurs sans feux.

Ainsi considérons en particulier la face AB par exemple,

et le secteur sans feux qui lui est opposé ; menons la bisectrice DC de l'angle saillant, et prolongeons la d'une longueur
quelconque ; pour que le secteur sans feux soit suffisamment protégé, il faudra que le dernier coup de feu A F,
parti de l'extrémité de la face AB, arrive au moins sur la
bisectrice, c'est-à-dire que la ligne AF ne pourra avoir
plus de 200ᵐ de longueur.

Il ne sera pas difficile de deviner que le triangle rectangle
ADF devrait donner une relation entre la longueur connue
AF et le côté AD, moitié du front total (*). Cette relation
existe en effet, quoique d'une manière détournée, et donnerait pour résultat DA = 51ᵐ,764, ce qui signifie que :

Le côté du carré sur lequel se construit le fortin ne pourra
avoir plus de 103ᵐ,50 de longueur.

On s'accorde même à fixer cette longueur à 100ᵐ.

On trouverait de la même manière, que si les faces sont
garnies d'artillerie, sans laquelle d'ailleurs la défense d'un
ouvrage de cette importance serait incomplète, cette limite
s'étendrait jusqu'à environ 155ᵐ.

292. Limite minimum. — Quant à la limite inférieure,
elle doit satisfaire à la condition de laisser aux plus petites
faces, une longueur suffisante pour qu'elles soient d'un
bon service, c'est-à-dire, comme nous l'avons fixée jusqu'ici, de 16ᵐ ou environ.

(*) D'après les propriétés trigonométriques des triangles rectangles, le
triangle ADF fournit la relation :

$$f = d \text{ sin. } D = d \text{ sin. } 15^{\circ};$$

car le tracé même du fort indique que l'angle D, comme complément de
l'angle DAF, = 15°. Or, $d = 200$; donc :

$$f = 200 \cdot \text{sig. } 15^{\circ}; \quad \log. f = \log. 200 + \log. \sin. 15^{\circ}.$$

$$\log. 200 = 2{,}3010300$$

$$\log. \sin. 15^{\circ} = \bar{1}{,}4129962 \quad \text{d'où } f = 51{,}764$$

$$\log. f = 1{,}7140262$$

A l'aide de cette seule donnée, AB par exemple $= 16^m$, et la connaissance de tous les angles du tracé, on trouverait dans le triangle ABG (*), AG $= 17^m, 846$; et comme d'ailleurs la ligne AG représente un tiers du côté du carré (143), on aura pour longueur totale de ce côté entier $53^m, 54$ ou environ 54^m, ce qui signifie que :

Le côté du carré sur lequel se construit le fortin étoilé à 8 pointes, ne peut avoir moins de 54^m de longueur.

293. **Redoute carrée simple, limite supérieure.** — Si nous arrivons maintenant aux redoutes simples, parmi lesquelles nous considérerons en particulier la redoute carrée qui est d'ailleurs la plus usitée, nous reconnaîtrons de prime abord que nous n'avons plus aucune donnée pour la détermination de la plus grande longueur à donner aux faces.

En effet, dans un ouvrage de cette nature où il n'existe pas de flanquement, il n'y a pas lieu d'examiner, comme précédemment, les relations des diverses parties entre elles, puisqu'elles agissent indépendamment les unes des autres. Aussi ne peut-on pas fixer d'une manière absolue l'étendue maximum d'une redoute simple, les circonstances pouvant exiger en certains cas que l'on dépasse les bornes ordinaires.

Cependant, considérant que le plus grand développement

(*) Encore une formule trigonométrique : c'est le premier cas de résolution des triangles, et on obtient la valeur du côté b, dans le triangle ABG, par la formule :

$$b = \frac{g \sin. B}{\sin. (A + B)} = \frac{16 . \sin 105^\circ}{\sin. 120^\circ}, \quad \text{d'où}$$

$$\text{Log. } b = \log. 16 + \log. \sin. 105^\circ - \log. 120^\circ.$$

$$\left.\begin{array}{l} \text{Log. } 16 = 1{,}20411998 \\[4pt] \text{Log. sin. } 105^\circ = \overline{1}{,}9849438 \\ \hline 1{,}18906378 \\[12pt] \text{Log. sin. } 120^\circ = \overline{1}{,}18909378 \end{array}\right\} \quad \log. b = 1{,}25153318 \ldots \text{d'où } b = 17{,}83.$$

en ligne droite employé dans la fortification de campagne, ne dépasse guères 60 à 80^m, nous adopterons cette même dimension pour limite supérieure des faces d'une redoute simple.

294. LIMITE INFERIEURE. — Quant à la limite inférieure, les conditions imposées jusqu'ici aux autres sortes d'ouvrages ne pouvant trouver leur application, il devient nécessaire d'en chercher d'autres inhérentes à la nature de celui-ci.

Nous remarquerons donc que quelque petit que soit un ouvrage, il doit toujours conserver une capacité intérieure suffisante pour contenir la garnison qui doit le défendre, et cette observation nous conduit naturellement à examiner quelle relation il peut y avoir entre le côté d'une redoute, sa surface intérieure, et le nombre d'hommes nécessaire à sa défense.

Le côté n'étant pas susceptible d'évaluation, puisque c'est la quantité que l'on cherche à déterminer, occupons nous en premier lieu d'évaluer la surface intérieure d'une redoute carrée, en observant que, par surface intérieure, on entend non pas celle qui est enfermée par la ligne de feu, mais celle qui est limitée par le pied du talus de banquette.

Représentons par exemple par x le côté de la redoute mesuré sur la ligne de feu, et cherchons la valeur du côté intérieur relativement à celui-là.

Si nous prolongeons de chaque côté la ligne qui représente le pied du talus de banquette, nous reconnaissons immédiatement que le côté du carré limité par cette ligne, est égal au côté extérieur représenté par x, moins deux fois l'épaisseur totale comprise entre la ligne de feu et le pied du talus de banquette; or, cette épaisseur se compose de celles du talus intérieur, de la banquette, et du talus de banquette, c'est-à dire de : 0^m, 43 + 1^m à 1^m, 20 + 2^m, 40, ou de 3^m, 83 à 4^m, 03, selon que la banquette est pour un ou pour deux rangs de fusiliers.

Nous prendrons pour plus de facilité cette dimension égale à 4^m, d'où nous conclurons que le côté intérieur est égal à $x - 8$, et que par suite la surface totale intérieure est égale à $(x - 8)^2$. (*Cela veut dire que cette surface contiendra autant de mètres carrés qu'il y a d'unités dans le nombre (x — 8) élevé au carré*). Nous pourrons donc poser pour première équation, en représentant par S la surface intérieure :

$$S = (x - 8)^2.$$

De là, nous pouvons directement déduire que le côté d'une redoute carrée doit toujours être plus grand que 8^m, puisque s'il n'avait que cette longueur, la surface intérieure serait nulle.

295. Il s'agit maintenant de trouver une relation entre le nombre des défenseurs et le côté du carré, et comme on compte pour chaque homme un mètre carré de surface intérieure, le nombre total de mètres carrés contenus dans cette surface, devra être au moins égal au nombre total des hommes qui composent la garnison; de cette manière, on obtiendra une relation qui déterminera une quelconque de ces deux valeurs étant donnée l'autre.

Or x, représentant le nombre de mètres contenus dans la ligne de feu sur une seule face, le nombre des défenseurs placés de mètre en mètre, et sur un seul rang par exemple, sur tout le pourtour de l'ouvrage, sera représenté par $4\,x$; en outre, toute garnison devant avoir, en plus de sa partie active, une réserve habituellement d'un tiers de sa force totale, cette réserve sera exprimée par $2\,x$; en sorte que le nombre total des hommes composant la garnison sera de $6\,x$, et par suite, d'après ce qui vient d'être dit, on aura la relation :

$$(x - 8)^2 = 6\,x.$$

ce qui signifie bien que le nombre de mètres carrés contenus dans la surface intérieure $(x-8)^2$, doit être égal au nombre total des défenseurs $6x$.

Cela posé, comme la question exige, pour être résolue complètement, l'emploi des connaissances algébriques, nous passerons sur les détails du calcul, en indiquant seulement qu'il donne pour résultat :

$x = 18,55$, ou en nombres entiers à une unité près, $x = 19$.

Ainsi le côté d'une redoute carrée simple, ne pourra être moindre de 19^m, si on ne garnit la banquette que d'un seul rang de fusiliers ; dans ce cas, le nombre des défenseurs, représenté comme on sait par $6x$, sera de 6.19, ou de 114 hommes, de sorte qu'on aura sur la banquette 4.19 ou 76 hommes, et pour réserve 2.19 ou 38 hommes.

Si la banquette devait être garnie de deux rangs de fusiliers, le nombre des défenseurs actifs serait alors représenté par $8x$, la réserve par $4x$, et la garnison totale par $12x$, en sorte que l'équation précédente deviendrait pour ce cas :

$$(x-8)^2 = 12x$$

d'où l'on déduirait, en négligeant une partie décimale moindre que 0,50, $x = 25$. Par suite, il serait aisé de reconnaître que le nombre d'hommes nécessaire à l'occupation de la banquette serait de 200, celui de la réserve, de 100, et la force totale de la garnison de 300 hommes.

Enfin, si on voulait occuper, indépendamment de la réserve, trois rangs de fusiliers, on aurait d'abord :

$$(x-8)^2 = 18x$$

et par suite $x = 32$, d'où l'on conclurait que la garnison devrait être de 576 hommes.

296. On se rappelle que dans le chapitre Ier, lorsque nous avons traité des ouvrages fermés, nous avons fait sentir la nécessité de les garnir, particulièrement la redoute simple, de quelques pièces d'artillerie placées soit aux angles (en capitale ou autrement), soit en tout autre point déterminé par la nature du terrain que l'on veut défendre. Or, une pièce occupant toujours sur le développement des faces, une certaine longueur, à savoir : 11^m pour les pièces en capitale, et 5^m pour toutes les autres, on devra déduire du nombre d'hommes nécessaires pour garnir la banquette, l'espace occupé par les bouches à feu. Par exemple, si une redoute contient trois pièces d'artillerie dont une en capitale, ces trois pièces prendront sur le développement de la ligne de feu, un espace de 21^m; le nombre total des fusiliers occupant la banquette, sur un seul rang par exemple, serait de $4x - 21$; toutefois on laissera l'équation sous sa première forme, $(x - 8)^2 = 6x$, afin de laisser de la place dans l'intérieur pour les servans des pièces.

297. Du reste à l'aide de cette relation, on pourra toujours trouver, soit le nombre d'hommes nécessaires à la défense d'une redoute dont on connait le côté x ; soit le côté d'une redoute carrée qui doit contenir une garnison donnée. Ainsi nous ne nous appesantirons pas davantage sur cette question, et nous terminerons cet article en réunissant dans un tableau les résultats des derniers calculs ; nous y joindrons, pour terminer la troisième partie du cours, un tableau comparatif de la portée et de l'effet des projectiles, ainsi que de l'épaisseur proportionnelle à donner aux masses couvrantes, et enfin un tableau de réduction en degrés des pentes les plus usitées.

Tableau des Dimensions limites des Ouvrages fermés.

DÉSIGNATION DES OUVRAGES.	Nombre d'Hommes DANS CHAQUE FILE.	Limite Supérieure.					Limite Inférieure.				
		FRONT Ou côté du Polygone.	Surface Intérieure.	Nombre d'Hommes Sur la Banquette.	RÉSERVE.	Force Totale De la Garnison.	FRONT Ou côté du Polygone.	Surface Intérieure.	Nombre d'Hommes Sur la Banquette.	RÉSERVE.	Force Totale De la Garnison.
		m.	m. q.	h.	h.	h.	m.	m. q.	h.	h.	h.
FORT BASTIONNÉ....... (construit sur un carré).	1	280	52576	1288	644	1932	180	21737	828	414	1242
	2	280	52576	2576	1288	3864	180	21737	1636	828	2484
	3	280	52576	3864	1932	5796	180	21737	2484	1242	3626
FORTIN ÉTOILÉ A 8 POINTES....... (construit sur un carré).	1	104	11790	598	299	897	54	3032	312	156	468
	2	104	11790	1196	598	1794	54	3032	624	312	936
	3	104	11790	1794	897	2691	54	3032	936	468	1404
REDOUTE CARRÉE SIMPLE.........	1	80	5184	320	160	480	19	131	76	38	114
	2	80	5184	640	320	960	25	289	200	100	300
	3	80	5184	960	480	1440	32	576	384	192	576

Tableau des Portées & des Effets des Projectiles.

NATURE DES ARMES.	PORTÉE de but EN BLANC.	PÉNÉTRATION dans les terres Fraîchement remuées	PÉNÉTRATION dans les terres RAFFERMIES.	ÉPAISSEUR proportionnelle DES PARAPETS.	Portée Maximum pour agir encore efficacement.	OBSERVATIONS.
Fusil d'infanterie..........	100^m	0^m,65	0, 30	1^m à 1^m, 20	200^m	Pour le but en blanc, on suppose le fusil sans bayonnette Avec la hausse mobile.
Fusil de rempart............	300	1, 00	0, 50	1, 50	600	
Canon de 4..................	486	1, 20	0, 80	2, 00	600	
Pièce de 8.................	506	1, 50	1, 00	2, 40	1000	
Pièce de 12.................	526	2, 00	1, 20	3 à 4^m	1200.	
Gros calibre (12 et 24).....	près de 700	4, 80	2, 50	6^m	1800 à 2200	
Obusier de 6 pouces.......	500	1, 00	0, 65	3 à 4^m	2000 à 2200	Cette portée maximum est due aux ricochets.
Obusier de 24..............	400	idem.	idem.	idem.	idem.	Idem.
Obusier tirant à mitraille..	3 à 400	idem.	idem.	idem.	800	Ce maximum ne peut s'obtenir que contre des colonnes profondes.

TABLEAU
DE RÉDUCTION DE QUELQUES PENTES EN DEGRÉS.

PENTES.	Valeurs en Degrés.	EMPLOI HABITUEL DES PENTES.
$\frac{1}{1}$	45°.............	Talus extérieur d'escarpe. Talus de soutien de toutes les masses un peu considérables.
$\frac{1}{2}$ $\frac{2}{1}$	26°...33'...55'' 63°...26'... 5''	Talus de banquette. Talus de contrescarpe (terres fortes) ou d'escarpe (terres faibles).
$\frac{1}{3}$ $\frac{3}{1}$	18°...26'... 0'' 71°...34'... 0''	Peu employée. Talus intérieur et revêtemens légers.
$\frac{1}{4}$ $\frac{4}{1}$	14°...10'...10'' 75°...49'...50''	Rampes de service pour piétons (raides.) Revêtemens de consistance, talus intérieur dans les terres fortes.
$\frac{1}{5}$ $\frac{5}{1}$	11°...18'...36'' 78°...41'...24''	Rampes ordinaires des plates-formes (un peu raides). Maximum de raideur des plus solides revêtemens (peu usitée).
$\frac{1}{6}$	9°...27'...44''	Inclinaison habituelle de la plongée et de quelques rampes.
$\frac{5}{6}$ $\frac{6}{5}$	39°...48'...20'' 50°...11'...40''	Talus d'escarpe dans les terres faibles. Talus d'escarpe (terres fortes.)
$\frac{1}{7}$ $\frac{7}{2}$	8°... 7'...50'' 74°... 3'...16''	Inclinaison de la plongée dans certains cas, du glacis et de quelques rampes. Inclinaison fréquente de la contrescarpe (terres fortes.)
$\frac{1}{8}$ $\frac{1}{10}$	70°... 7'...30'' 5°...42'...38''	Quelque fois la plongée; rampes de service pour l'artillerie, glacis. Glacis et quelques rampes.

APPENDICE.

§ Ier.

Tracé des Camps.

301. CONSIDÉRATIONS GÉNÉRALES. — Parmi les opérations qui trouvent leur application fréquente à la guerre, l'une des plus importantes est, sans contredit, le tracé des camps où les troupes de toute nature sont appelées à séjourner plus ou moins de tems, soit pour se refaire des fatigues d'une longue marche, soit pour occuper militairement une grande communication, attendre une circonstance favorable, etc., etc.

Aussi, bien que cette matière se trouve traitée d'une manière parfaite dans l'ordonnance du 3 mai 1832, sur le service des armées en campagne, nous avons pensé qu'il ne serait pas inutile d'en reproduire les dispositions principales, en y ajoutant quelques détails qui n'ont pu trouver place dans ce rapide aperçu.

302. Sans rappeler ici les diverses opinions relatives à la manière de mesurer les dimensions d'un camp, nous adopterons le mode le plus expéditif et le plus commode en pratique, en prenant pour unité de longueur le pas de deux pieds. Admettant ensuite le rapport adopté par tous ceux qui s'occupent de manœuvres, nous ferons remarquer que si l'on prescrit aux guides d'une colonne, pour avoir leur distance, de conserver entre eux et le guide qui les précède, un nombre de pas égal aux trois quarts du nombre des files de leur peloton, cela revient à dire que chaque homme oc-

cupe dans le rang un espace de trois quarts de pas. Cette remarque est extrêmement importante en ce qu'elle trouve son
application dans la détermination de plusieurs dimensions
du camp.

303. DÉFINITION. — Cela posé, nous dirons avec l'ordonnance (*titre* III, *art.* 31), qu'on entend par *camp*, les lieux
où les troupes sont établies sous la tente, dans des baraques, ou au bivouac.

Il est de la dernière importance que l'emplacement d'un
camp soit reconnu d'avance, afin que le choix et la forme en
soient déterminés par l'objet qu'il doit avoir. Dans tous les
cas, on aura particulièrement en vue la sûreté et la commodité des troupes, la facilité des communications, la proximité de l'eau et du bois, les ressources en vivres et en
fourrages.

304. CAMPEMENT. — La reconnaissance préalable ayant
été faite, et l'emplacement du camp fixé, on détache du corps
un certain nombre d'hommes qui constituent le campement.

D'après l'ordonnance, on appelle *campement* la réunion
des individus chargés de préparer le camp.

Le campement d'un régiment se compose d'un adjudant-
major, d'un adjudant, et par compagnie, du fourrier, d'un
caporal et de deux soldats. Dans certains cas, le détachement
peut être accompagné de la garde de police, et même de
détachemens plus ou moins considérables, destinés à assurer
sa marche, à occuper les débouchés, les villages, ou tout
autre point important. (*Voir l'Ordonnance, titre III, art.* 34
et suivans).

305. AVANTAGE DES BARAQUES SUR LES TENTES. — Les
armées ont fait usage pendant long-tems, pour camper, de
tentes en toile extrêmement forte, préparée de manière à
pouvoir résister au mauvais tems; mais la nécessité de traî-
ner, à la suite des colonnes, un matériel aussi coûteux qu'em-
barrassant, leur a fait préférer des petites baraques en bois

recouvertes de branchages, et construites sur place avec plus ou moins de soin, selon le tems qu'on doit les occuper. L'ordonnance, considérant les avantages de ce nouveau mode de campement qui décharge les troupes d'un embarras énorme et stimule l'industrie du soldat, semble avoir abandonné l'ancien système, bien que des expériences récentes aient tenté, avec quelques chances de succès, de le remettre en vigueur. Ses auteurs ont pensé avec raison que des opérations préparées de longue main, exécutées sur le sol du pays même et au milieu des loisirs de la paix, ne concluaient rien sur ce qui se passait à la guerre, où la rapidité des mouvemens et l'activité pour se créer des ressources, peuvent être rangées parmi les premiers élémens de succès. En conséquence, ils ont prescrit l'usage des baraques, en subordonnant leurs dimensions aux circonstances.

306. DIMENSIONS DES BARAQUES DE TROUPE. — Toutefois, les plus grandes ne contiendront pas habituellement plus de 20 hommes, et les plus petites moins de 7 à 8.

Entre ces deux limites, les baraques de troupe pourront être construites pour 10, 12, 14, 16 et 18 hommes, d'après les données suivantes :

1° Dans toute baraque pour 10 hommes et au-dessous, les hommes ne seront placés que sur un rang. Leur largeur invariable sera de 4 pas, savoir : 3 pour la longueur d'un homme couché, et 1 pas pour servir de passage vis-à-vis la porte. Leur longueur sera d'autant de pas qu'il y aura d'hommes, soit 10 pas pour 10 hommes, ce qui indique qu'on accorde à chaque homme couché une largeur d'un pas.

Ces baraques offrant ainsi la figure d'un carré long, auront leur petit côté dirigé dans le sens de la profondeur du camp; l'ouverture sera sur la grande rue du côté qui regarde le front du camp;

2° Dans toute baraque contenant 12 hommes ou au-dessus, les hommes seront couchés sur deux rangs, chaque rang ayant la tête adossée à la paroi correspondante de la muraille. La largeur invariable de ces baraques sera de 7 pas, dont 3 de chaque côté pour la longueur d'un homme couché, et 1 pas d'intervalle entre les deux rangs, pour servir de passage vers la porte placée au milieu. Leur longueur sera de moitié du nombre d'hommes qu'elles devront contenir, d'après le même principe que précédemment. Ces baraques, contrairement aux petites dont nous venons de parler, ont leur grand côté dans le sens de la profondeur du camp; l'ouverture est tournée du côté du front.

Nous ferons observer qu'on doit préférer les grandes baraques aux petites, toutes les fois que les circonstances le permettent; car on conçoit qu'il y a économie considérable de matériaux, de main-d'œuvre et de tems, à construire par exemple cinq ou six baraques pour une compagnie, au lieu d'en construire une douzaine;

3° En principe général, chaque compagnie occupe deux files de baraques; ces deux files sont séparées par un intervalle qui varie suivant l'étendue du front de bataille; tandis que les compagnies entre elles sont séparées par une petite rue, dont la largeur invariable est fixée à 2 pas.

Quant aux rangs des baraques, leurs intervalles forment, dans le camp de la troupe proprement dite, des rues de 5 pas de large, qui se prolongent d'un bataillon à l'autre, dans toute l'étendue de la ligne. Nous verrons tout-à-l'heure où sont placées les cuisines, les baraques du petit état-major, et celles des officiers de compagnie et de bataillon.

307. Nous rappellerons maintenant avec l'ordonnance, que les termes de front, de flanc, de file, de rang, de droite et de gauche, ont la même acception pour le camp que pour l'ordre de bataille. Nous remarquerons seulement que la ligne parallèle au front du camp, sur laquelle la troupe se forme en bataille toutes les fois qu'elle se réunit, a conservé la dénomination de front de bandière; elle se trouve habituellement à 40 pas en avant du premier rang de baraques.

308. Choix de la ligne du front de bandière. — L'officier commandant le campement, étant arrivé sur le terrain où la troupe devra s'établir, fera débarrasser tout l'espace qu'il jugera convenable, et jalonner provisoirement par deux ou trois hommes au moins, la ligne où la troupe se formera en bataille à son arrivée.

Il n'est pas besoin de dire que tout le reste dépendant de la fixation de cette ligne, on ne saurait prendre trop de soin pour déterminer convenablement sa direction, de telle manière que ses extrémités se trouvent, autant que possible, naturellement appuyées, que devant elle s'étende un certain espace où l'on puisse commodément manœuvrer, sans pourtant qu'il reste ouvert à l'ennemi, et de manière surtout qu'en arrière du camp, existent des communications sûres et faciles, avec les points dont on pourrait tirer des secours, ou sur lesquels on pourrait être forcé de se replier. Passons maintenant à la partie pour ainsi dire matérielle de l'opération, et pour en rendre plus intelligibles tous les détails en prenant un exemple, supposons qu'il s'agisse de camper un bataillon fort de 800 hommes, non compris les officiers, qui campent séparément.

309. Détermination du front de la ligne de bataille. — D'après ce que nous avons dit plus haut, le front du camp devant être égal à celui qu'occupe la troupe en bataille, il faut, en premier lieu, déterminer l'étendue de cette ligne de bataille. Or, parmi ces 800 hommes répartis en 8 compagnies que nous supposerons égales, il faut défalquer par compagnie 6 sous-officiers qui n'entrent point dans les rangs, sauf à revenir dans un instant sur les sous-officiers de remplacement, qui forment à eux seuls chacun une file; total 48 sous-officiers. Il ne reste donc dans les rangs que 800 — 48, ou 752 hommes formant 251 files; ajoutons maintenant les 8 sous-officiers de remplacement formant file, et le sergent d'encadrement, nous aurons 260 files, et chaque file occupant sur le front trois quarts de pas, la ligne totale occupera un nombre de pas désigné par trois quarts de 260 ou 195 pas.

310. Actuellement, soit XX', la ligne choisie par l'adjudant-major chargé du campement pour y établir le bataillon en bataille, et A le point où devra être appuyée la droite de la ligne ; il fera planter en ce point un jalon provisoire, et marchera vers le point X' où sera placé un jalonneur ou un signal, une distance de 195 pas. Il s'arrêtera alors, et fera planter en ce point A' un second jalon, marquant le point où devra aboutir la gauche du bataillon en bataille. Cette direction étant extrêmement importante, il sera bon, pour la mieux déterminer, de planter entre A et A' un jalon intermédiaire que l'on alignera sur les deux premiers, d'après les moyens indiqués à la 3me partie (n° 223).

Ensuite, à l'aide du demi-cordeau (n° 227), on élevera, en arrière de chacun des points A et A', une perpendiculaire à cette droite, et on prolongera, s'il en est besoin, ces deux perpendiculaires à l'aide de jalons que l'on aura soin de maintenir soigneusement dans la première direction.

311. Ces dispositions étant prises, l'adjudant-major partant du point A par exemple, marchera dans la direction de la perpendiculaire AB, une distance de 20 pas, et plantera, au point où il s'arrêtera, un jalon a; puis il marchera de nouveau 20 pas et plantera un second jalon b ; répétant ensuite la même opération à partir du jalon A', et plantant deux jalons a' et b', il fera tendre de a en a' puis de b en b' deux cordeaux qui marquent, le premier, la ligne des chevalets où seront déposées les armes des compagnies, le deuxième, l'alignement du premier rang des baraques.

312. TRACÉ DES FILES DE BARAQUES.— Supposons maintenant que les baraques soient pour 16 hommes. D'après ce que nous avons dit plus haut, ces baraques auront 8 pas de long sur 7 de large, et le grand côté (8 pas) sera dans le sens de la profondeur du camp.

En conséquence, chaque baraque du premier rang occupera sur le front un espace de 7 pas; or, nous avons dit que chaque compagnie avait deux files de baraques, c'est-à-dire que le bataillon en avait 16. On aura donc pour l'espace occupé sur le front par les baraques du premier rang, 16 fois 7 pas ou 112 pas, et si on y ajoute la largeur des petites rues qui séparent les compagnies, soit 14 pas, on trouvera 126 pas. Rappelons actuellement que le front total du camp est de 195 pas; nous en conclurons qu'il ne reste, pour les grandes rues qui séparent les deux files d'une même compagnie, que 195 — 126, ou 69 pas.

Ainsi, pour avoir la largeur des grandes rues, il suffit de diviser 69 par 8, ce qui donne 8 pas, plus un reste 5. Afin de ne point compliquer l'opération par des mesures de fraction de pas, on donnera aux 5 premières rues 1 pas de plus, soit 9 pas, et aux 3 autres, 8 pas seulement, ce qui donne le même résultat. La formation des files ne présente plus maintenant aucune difficulté; en effet, l'adjudant-major marchera sur la ligne AA′ à partir du point A, 7 pas, et plantera un jalon; puis 9 pas, et plantera un deuxième jalon; puis 2, 7, 9, 7, 2, etc., jusqu'au point A′, en observant qu'entre le dernier jalon et le point A′, il devra lui rester 7 pas, et que les 8 dernières grandes rues n'auront que 8 pas. En répétant cette opération sur une parallèle à A A′, tracée à une distance suffisante en arrière de cette première ligne (n° 226), et joignant par des cordeaux les jalons correspondans, on aura le tracé des files de baraques et des grandes et petites rues perpendiculaires.

313. TRACÉ DES RANGS DE BARAQUES. — Toutes les dimensions relatives à la largeur du camp étant fixées, il ne s'agit plus que de déterminer celles de la profondeur, et, à cet effet, il est nécessaire de connaître à l'avance combien chaque compagnie occupera de baraques. Ceci s'obtient aisément en divisant le nombre 100, effectif de chaque compagnie, par 16, nombre d'hommes contenu dans chaque baraque, ce qui donne 6 avec un reste 4 que l'on néglige eu égard aux hommes de service chaque jour. Chaque compagnie a donc 6 baraques, ce qui ne fait que 3 rangs.

En conséquence, l'adjudant-major se reportant sur la perpendiculaire Ab en même tems qu'un sous-officier dont le pas est réglé sur le sien, opère de même sur la perpendiculaire A'b', l'adjudant-major, disons-nous, marche sur cette perpendiculaire à partir du point A, 8 pas, et plante un jalon, puis 5 pour la rue transversale, puis 8, 5, 8, et le camp de la troupe se trouve ainsi complétement tracé.

L'adjudant-major et le sous-officier qui le seconde, continuent ensuite leur marche, et s'arrêtent à 20 pas en arrière du dernier rang de baraques, pour tracer l'alignement des cuisines. A 20 pas plus en arrière, seront établies les baraques du petit état-major, comprenant le logement de l'adjudant, du tambour-major ou tambour-maître, du vaguemestre, des ouvriers, blanchisseuses, etc. Ces baraques ont généralement 6 pas de profondeur sur 4 de large; c'est aussi sur cet alignement, derrière le centre du bataillon, que sont établis l'abri pour la garde de police, et les chevalets pour les armes du piquet. A 20 pas en arrière de ces baraques, sont établies celles des officiers de compagnie, ayant 7 pas de profondeur sur 5 de large. Les officiers campent en arrière de leur compagnies respectives, le lieutenant et le sous-lieutenant ensemble, à gauche, le capitaine seul, à droite. Enfin, à 20 pas en arrière des officiers de compagnie, sont placés les baraques de l'état-major du bataillon; à savoir, celle du chef de bataillon, 10 pas sur 7, derrière la gauche du quatrième peloton; celle de l'adjudant-major, derrière la gauche du deuxième, et celle du chirurgien, derrière celle du sixième; ces deux dernières semblables à celles des officiers de compagnie.

314. Pour compléter les détails relatifs à cette importante opération, nous ajouterons qu'il peut se présenter tel cas où les indications que nous venons de donner fassent défaut. Ainsi, dans l'exemple même qui nous occupe, si par une circonstance quelconque on s'était trouvé dans l'obligation de faire des baraques pour 10 hommes au lieu de les faire pour 16, chaque baraque occupant sur le front 10 pas, il ne serait resté pour les 8 grandes rues que 21 pas, ce qui les aurait réduites les unes à 3 pas, les deux autres à 2 seulement. Or, en principe, les grandes rues ne peuvent avoir moins de 5 pas de large; il devient donc nécessaire d'aviser à une autre disposition. Dans ce cas, on fait camper par division, c'est-à-dire que les compagnies n'ont plus qu'un seul rang de baraques, et que les grandes rues se trouvent dans les divisions, celles-ci n'étant toujours séparées que par une petite rue de 2 pas. De cette manière, comme on n'a plus que 8 files de baraques occupant sur le front 80 pas, plus 3 petites rues, soit 6 pas, l'espace réservé aux 4 grandes rues est de 195 — 186 ou 109 pas, ce qui donne 28 pas pour la première et 27 pour les 3 autres. Le reste s'exécute de la même manière, ainsi qu'on pourra le voir dans la planche XX qui offre l'un et l'autre cas.

Il nous resterait maintenant à décrire le tracé d'un camp de cavalerie; mais les procédés pratiques étant les mêmes, nous croyons pouvoir nous dispenser de les répéter, en renvoyant à l'ordonnance qui donne à cet égard tous les détails que l'on peut désirer.

§ 11.

Têtes des Ponts.

315. On comprend sous la dénomination générale de *têtes de ponts*, toutes sortes d'ouvrages susceptibles, par leur disposition, de couvrir et de défendre l'entrée non seulement d'un pont, mais encore de tout autre passage du même genre, gorge, défilé, chaussée unique, etc.

Les têtes de ponts seront donc choisies de préférence parmi les ouvrages que nous avons rangés dans la première classe (nº 89); car il est évident qu'un ouvrage fermé ne remplirait qu'imparfaitement le but que l'on se propose, et qu'une partie de ses feux resteraient inutiles. Ce choix est déterminé par l'importance du passage, mais il est rare cependant que l'on s'arrête immédiatement à la forme réelle que l'on doit donner au retranchement. Lorsqu'il s'agit en effet de passer une rivière en présence de l'ennemi pour occuper une rive qu'il peut disputer, l'essentiel est de réunir à la hâte quelques obstacles derrière lesquels on puisse du moins l'arrêter pour se donner le tems d'être secouru, se mettre à l'abri d'une surprise, ou seulement tromper son attention pendant que des corps détachés tentent le passage sur d'autres points. Quelques abattis tournés vers la campagne, des levées irrégulières dans les fossés desquelles se postent les défenseurs, des chevaux de frise, quelques palissades grossières, pourront remplir ce premier but. Mais lorsque le corps offensif poursuivant sa marche, n'a laissé à la garde du pont, gué ou autre passage, qu'un détachement peu considérable, il devient nécessaire de recourir à des moyens de défense plus réguliers et plus efficaces, dans le cas de retraite forcée, ou d'une attaque subite de l'ennemi.

316. Si le détachement est faible, on se contentera d'une flèche ou d'un redan, ou préférablement d'une lunette que l'on environnera, à une certaine distance, d'obstacles accessoires : trous-de-loup, abattis, etc. Il sera bon, si la rivière est basse en cet endroit, de fermer la gorge par des palissades, avec une barrière ouvrant sur le pont. On arrêtera les faces du redan, ou les flancs de la lunette à 5 ou 6^m du bord, pour se conserver un passage, en établissant en arrière de cet espace vide, une traverse de 10 à 12ᵐ de longueur, dirigée de manière à pouvoir bien battre les abords des deux côtés. Ces traverses sont elles-mêmes prolongées dans l'eau par des palissades bien reliées entre-elles, pour empêcher l'ennemi de se glisser à la faveur de la nuit le long du rivage, et de surprendre les défenseurs en pénétrant à l'improviste par la gorge. Si le passage est un pont, on devra établir, à 15 ou 20ᵐ en amont, une forte chaîne ou estacade flottante pour arrêter les brûlots ou autres objets de destruction, qu'on pourrait abandonner au cours de l'eau pour rompre le pont.

Le redan et la lunette n'ayant par eux-mêmes aucun flanquement, il sera bon, au lieu d'arrêter le fossé brusquement par un talus raide, de le prolonger en pente douce à partir du bord de l'eau, et d'établir de l'autre côté, derrière des palissades ou autrement, des fusiliers, ou mieux de l'artillerie, de manière à bien enfiler ce fossé et le terrain situé en avant des secteurs sans feux. En général, pour peu qu'on ait du canon, on en place au moins une pièce aux saillans, et le reste est employé comme il vient d'être dit. Enfin, pour plus de précaution encore, on couvre le pont sur la rive amie, par une espèce de flèche en palissadement, munie d'une large barrière, destinée à servir de passage habituel, tant que le détachement reste isolé.

317. Emploi du redan.— Le redan s'emploie de préférence en avant d'un passage où la rivière présente une concavité bien prononcée. Dans ce cas, en effet, ses faces battent avantageusement les abords de la position, leurs extrémités sont convenablement appuyées et à l'abri d'une surprise, et enfin rien n'est plus facile que de remédier à l'inconvénient du secteur sans feux, à l'aide de deux petites batteries placées sur la rive amie, et dont les feux convergens viennent se croiser en avant même du saillant. On recommande également, si le redan a une étendue suffisante, d'établir immédiatement et sur le même modèle, un petit réduit en palissades crénelées, afin de pouvoir, à l'aide de cet abri, effectuer la retraite sans désordre, si l'on se voit dans l'impossibilité de garder la position.

318. Emploi de la lunette. — Lorsque la rivière se dirige en ligne droite sur un espace assez considérable, on préfère au redan une lunette dont les flancs sont tracés de manière à rester perpendiculaires à la direction de la rive ennemie. Les fossés des faces et des flancs sont alors disposés comme il a été dit plus haut ; on jette sur ces fossés, en avant des traverses, des petits ponts mobiles qui ne restent en place que lorsqu'on le juge indispensable. Du reste, les dernières prescriptions indiquées pour le redan, sont également applicables à la lunette, qui, munie d'une pièce en barbette à chaque saillant et flanquée par d'autres placées en batterie sur la rive amie, fournit ainsi un assez bon moyen de défense.

319. Ces deux ouvrages, du reste, vu leur faible étendue, ne peuvent couvrir que des passages uniques, et servent même plus souvent en avant de défilés, que sur une rivière. Il arrive fréquemment, en effet, que pour fournir à un corps considérable un passage plus sûr et plus rapide, on est obligé d'établir deux ou même trois ponts à peu de distance les uns des autres ; il devient donc nécessaire de faire usage de retranchemens ayant un développement beaucoup plus vaste. C'est alors le cas de recourir aux diverses espèces de têtes ; toutefois, comme la tête bastionnée est celle qui offre le meilleur flanquement, on l'emploie de préférence, soit simple, soit double.

Nous avons déjà donné une description suffisante de ces deux retranchemens, pour qu'il soit inutile de revenir sur ce sujet ; nous nous bornerons donc à les représenter avec tous leurs accessoires (pl. XXI), en faisant remarquer seulement que les réduits, construits sur une plus vaste échelle,

forment en arrière des ouvrages de véritables retranchemens, qui ne sont que le perfectionnement de ceux élevés
à la hâte, dès la première occupation de la rive ennemie.

§ III.

Attaque et Défense des Villages et Postes retranchés.

320. Considérations générales. — Il arrive souvent
en campagne, qu'un corps de troupe, pour assurer sa marche ou sa position, détache, à une certaine distance, en
avant, sur ses flancs, ou sur ses derrières, des partis plus
ou moins nombreux. Quelquefois, ces partis sont assez à
proximité de l'armée, pour qu'au premier bruit d'attaque on
arrive à leur secours; mais souvent aussi, leur distance du
corps principal est telle, qu'ils sont à peu près abandonnés à
eux—mêmes. On comprend qu'il est indispensable au chef
d'un pareil détachement, non seulement d'avoir quelques
notions de fortification, mais encore de savoir choisir parmi
les nombreux moyens de défense qu'elle présente, ceux qui
lui seront le plus avantageux, c'est—à—dire les plus prompts
et les plus solides.

321. S'il a du tems devant lui, des trous-de-loup et des
palissades seront établis aux approches de la position; un
mur d'enclos, une maison, une église, un cimetière pourront être crénelés et garnis d'une banquette intérieure.

L'ennemi au contraire est—il tout près? Craint—on d'être
attaqué avant d'avoir pu accomplir ces travaux? Quelques
arbres sont bien vite abattus, ébranchés, jetés en travers
des avenues du poste qui sont elles—mêmes rompues de distance en distance par des excavations irrégulières et des
levées derrière lesquelles on poste des tirailleurs; les haies,
les fossés, les buissons sont garnis de la même manière; et

pendant que ces tirailleurs arrêtent l'ennemi, une partie de la réserve s'occupe à accumuler des obstacles autour du point de rassemblement, pour en faire un réduit convenable.

322. Tels sont les principes généraux que le bon sens seul indique; mais pour embrasser mieux la question dans ses détails, nous la diviserons, en traitant successivement des villages, des bois et des positions isolées situées en rase campagne, comme un carrefour, un gué ou tout autre point.

323. Défense d'un village. — Nous supposerons le détachement arrivé sur la place publique d'un village, après avoir pris, bien entendu, toutes les précautions qui peuvent assurer son occupation. Le premier soin du commandant sera de faire saisir et garder soigneusement toutes les issues, avec la consigne formelle de ne laisser sortir personne. Il s'adressera ensuite aux autorités pour en obtenir tout ce qui est nécessaire au logement, à la subsistance et à la sécurité de sa troupe, en leur laissant entrevoir que s'ils ne s'exécutent pas de bonne foi, il a de quoi les contraindre. D'un autre côté, les ordres les plus sévères sont donnés à la troupe, pour qu'elle ait à respecter les particuliers, et à n'en rien exiger au-delà du strict nécessaire.

324. Laissant alors sa troupe sous les armes, et ne prenant avec lui que quelques hommes, le chef du détachement va reconnaître soigneusement la position. Son examen porte particulièrement sur la manière de rendre les approches susceptibles d'une bonne défense, sur l'état des chemins, et en général de toutes les communications tant intérieures qu'extérieures, sur le choix d'un ou de plusieurs points de ralliement, d'un réduit avantageusement situé et offrant les meilleures ressources pour s'y défendre jusqu'à la dernière extrémité; si un ruisseau coule à proximité du village, s'il alimente un moulin, il examinera comment on pourrait les faire contribuer à la défense, soit par une inondation, soit de toute autre manière; il n'oublie pas de choisir une ligne de retraite, ou même plusieurs s'il craint d'être coupé.

Cet examen terminé, il arrête ses dispositions, revient auprès de sa troupe, et donne ses instructions aux différentes sections qu'il est nécessaire de former pour commencer de suite les travaux. Il laisse sur la place ou fait conduire au point de rassemblement qu'il a choisi, une réserve forte d'environ le tiers ou le quart de son détachement. Un corps-de-garde est immédiatement établi, ainsi qu'un piquet; le reste de la réserve s'occupe aussitôt de préparer le réduit, qui sera par exemple l'église ou toute autre construction offrant déjà par elle-même une défense naturelle.

325. Pendant ce tems, les deux autres tiers, protégés par des sentinelles avancées, se répandent en ordre autour du village, pour commencer les travaux des approches. Les chemins par où l'ennemi pourrait arriver sont de suite rompus par des coupures et des levées de terre, embarrassés d'abattis et autres obstacles; on pourra se servir avec avantage, à cet effet, de charrettes privées de leurs roues, ou n'en conservant qu'une enterrée jusqu'au moyeu; on les charge en outre de grosses pierres ou mieux de fumier pour qu'on ne puisse aisément les emmener; des herses de laboureur, jetées les pointes en l'air et fixées par de forts piquets à mentonnet, sont encore d'un bon usage; à la rigueur, des ronces et des paquets d'épines à demi-enterrés pourront être employés.

Si le pays est boisé de manière à intercepter la vue et à favoriser les surprises, on le dégage en abattant tout ce qu'on peut, ne laissant çà et là que quelques troncs de 1^m, 50 à 2^m de hauteur; ces troncs sont destinés à couvrir autant de tirailleurs dans la défense des approches, et à leur donner ainsi une grande supériorité sur ceux de l'ennemi qui s'avancent à découvert.

Les haies, les fossés, les buissons seront, autant que possible, occupés de même. Tous ceux de ces obstacles dont l'ennemi pourrait tirer parti, seront détruits si on a le tems;

si non, on s'arrangera de manière à les dominer de quelque autre position, pour l'empêcher de s'y loger.

Les murs de clôture qui gêneraient les mouvemens ou la vue, ceux derrière lesquels pourraient s'abriter les assaillans, seront, comme les arbres, renversés. Les autres qui donnent sur les issues et découvrent la campagne, seront crénelés et occupés; on augmentera le commandement des créneaux à l'aide de petites banquettes; de plus, en avant et aux pieds des murs, on amènera des abattis tournés vers la campagne et solidement reliés. On conseille encore de mêler aux abattis quelques fagots bien secs auxquels on met le feu en se retirant, afin d'arrêter plus long-tems l'enemi et de lui cacher ses mouvemens.

Les communications qui conduisent aux points de rassemblement ou au réduit, embarrassées aussi d'abattis ou autres obstacles, sont cependant disposées de manière à ne point gêner les mouvemens des défenseurs; à cet effet, ces obstacles sont préparés de telle façon qu'on puisse, en se retirant, les refermer derrière soi.

Si l'on n'est pas en force pour occuper les maisons qui ont vue sur les points de défense, on en embarasse l'entrée; on bouche avec soin toutes les ouvertures dont l'ennemi pourrait profiter pour riposter aux tirailleurs embusqués; on défonce les planchers en arrière des croisées des étages supérieurs; enfin, celles du rez-de-chaussée sont obstruées par des madriers recroisés, recouverts de fumier.

Voilà pour les dispositions extérieures.

326. A l'intérieur, on s'occupe, et ce soin est particulièrement affecté à la réserve, on s'occupe, disons-nous, de fortifier le réduit que l'on a choisi. Dans un grand nombre de villages, l'église étant entourée d'un cimetière souvent enclos de murs, pourra être d'une grande utilité. Une maison en maçonnerie, environnée d'une cour ou d'un jardin fermé, remplit le même objet à défaut d'église. Le mur du cimetière sera crénelé ; un fossé sera creusé tout autour à l'extérieur, et précédé lui-même d'abattis. La porte sera mise en état de résister à des chocs violens, au moyen d'une forte doublure en madriers percée elle-même de quelques créneaux, ainsi que la muraille ; il sera bon de la couvrir par une sorte de flèche en palissademens espacés, pour protéger la rentrée des défenseurs dans le réduit, et arrêter l'ennemi le plus long-tems possible à l'attaque des dehors.

L'église, dont les fenêtres auront été disposées ainsi qu'il vient d'être expliqué, sera munie de deux ou trois rangs de créneaux les uns au-dessus des autres, et qui seront occupés au moyen d'échafaudages solides élevés à la hauteur convenable.

On se ménagera une porte de sortie sur le derrière, pour assurer la retraite si l'on se trouvait dans l'impossibilité absolue de garder la position ; enfin, comme à la défense des approches, on pourra se garder une chance de plus, en mettant le feu à un amas de matières combustibles préparées à l'avance.

327. Pour tirer le meilleur parti possible de ces moyens de défense, le chef du détachement partagera sa troupe en trois parties à peu près d'égale force.

La première, composant la réserve, se formera au moment de l'attaque sur la place d'armes, et si le détachement a de la cavalerie, ce sera là sa place ; on aura soin alors de lui conserver un espace suffisant pour charger au moment où les colonnes de l'ennemi déboucheront. Cette portion détachera un poste plus ou moins considérable à la garde spéciale du réduit, dont elle ne devra jamais du reste être bien éloignée.

Les deux autres tiers formeront la partie active de la défense.

L'une se répandra en tirailleurs et en petits postes, tout autour du village, pour en défendre pied à pied les approches.

L'autre, qu'on pourrait appeler section de ralliement, se divisera en petites colonnes sous la conduite d'hommes éprouvés, les unes occupant les points les plus faibles, les autres se portant partout où leur présence sera nécessaire, pour soutenir ou rallier les tirailleurs, les remplacer au besoin, et donner le change à l'ennemi qui, trompé par leur apparition soudaine sur plusieurs points à la fois, craindra peut-être de se jeter dans un piége en poussant trop vivement ses avantages.

Le commandant s'assurera par lui-même que chacun connait bien son poste ; il animera ses soldats par son exemple, sans se jeter inutilement au milieu du danger, empêchera qu'on ne s'emporte à une vaine poursuite, ou qu'on n'abandonne trop promptement les points qu'il est essentiel de conserver ; il s'assurera aussi que chaque section est bien instruite du point de ralliement et du chemin qui doit l'y conduire, et il sera bon qu'il y en ait plusieurs pour tromper l'ennemi dans sa poursuite et le gagner de vitesse.

Quand on prévoit ne pas devoir être attaqué de suite, une ou deux alertes ne font pas de mal, pour habituer son monde à se réunir et à se poster promptement ; mais il faut éviter de les multiplier inutilement, pour ne pas endormir les soldats dans une funeste sécurité.

Enfin, si on a de l'artillerie, des plates-formes sont préparées en plusieurs endroits, de manière qu'une pièce forcée d'abandonner un poste, puisse trouver une autre place un peu en arrière, et ne soit pas forcée de se bloquer tout-à-coup dans le réduit.

328. ATTAQUE D'UN VILLAGE.— Si la défense d'un village ou tout au moins d'un hameau peut être quelquefois confiée à un détachement de force médiocre, on conçoit qu'il en est rarement de même pour l'attaque. En effet, dans une entreprise de cette nature, il y a trop de choses à considérer, trop de précautions à prendre, trop de chances d'évènemens imprévus, trop d'avantages en un mot du côté de la défense,. pour qu'on puisse en confier le succès à qui que ce soit.

Cette question rentrant d'ailleurs plus particulièrement dans le domaine de la tactique, et des auteurs d'un mérite incontestable l'ayant traitée avec le plus grand talent, on nous pardonnera sans doute de la traiter plus succinctement que la précédente, et de nous en tenir, vu l'impossibilité de prévoir tous les cas, à des aperçus généraux.

329. L'attaque d'un village doit toujours être précédée d'une ou plusieurs reconnaissances ayant pour but de faire connaître, d'une manière aussi complète que possible, la force numérique de la garnison, le caractère de celui qui la commande, la discipline, l'esprit, la manière de se garder; les dispositions des habitans, les ressources de toute nature de la localité; l'état des communications et des obstacles qu'on y aura semés; les heures et la composition des patrouilles, découvertes, reconnaissances, le chemin qu'elles parcourent, les précautions qu'elles observent; la disposition des travaux de défense, etc., etc. (*). ·

330. Le plan d'attaque étant déterminé d'après tous ces renseignemens qu'on ne saurait trop multiplier, le détachement qui doit l'exécuter se met en route en ordre et en silence sur une ou plusieurs colonnes, dont la marche est calculée de manière à suivre, pour ainsi dire à la piste, les patrouilles ou reconnaissances ennemies à leur rentrée. Si l'ennemi se garde avec soin, on évitera bien de se montrer; caché derrière un bouquet d'arbres, un pli de terrain, le moindre obstacle, on prend ses dernières dispositions pour agir avec vigueur un instant plus tard, lorsque les défen-

---

(*) Voir, pour la manière d'effectuer ces reconnaissances, l'excellent ouvrage de M. le commandant Roquancourt : ART MILITAIRE, tome IV, pages 464 et 465.

14

seurs, rassurés par les rapports de leurs patrouilles, se livreront sans défiance au repos après une pénible nuit.

331. La troupe est partagée, comme nous l'avons dit pour la défense, en trois parties. La première se répand en tirailleurs pour occuper toutes les issues et masquer l'attaque sérieuse ; ces tirailleurs, devançant le reste de la troupe, vont s'embusquer dans les fossés, derrière les haies, les buissons, les murs qui peuvent les couvrir.

La deuxième section est destinée à l'attaque sérieuse, et il est bon, pour tromper l'ennemi sur sa force et son but, d'en détacher une ou deux fractions pour opérer sur d'autres points de fausses attaques. Cette partie sera munie, s'il est nécessaire, de fascines, et accompagnée de quelques ouvriers armés de haches ou autres outils propres à frayer un chemin aux colonnes d'attaque.

Enfin, le dernier tiers forme la réserve qui reste à distance, tout en se liant au reste de la troupe par des éclaireurs qui observent en même tems les débouchés et avertissent des mouvemens de l'ennemi.

Au signal convenu, l'attaque commence vivement sur tous les points à la fois : les tirailleurs escaladent les obstacles qu'ils rencontrent pour saisir des positions avantageuses ; les abattis ou les palissades sont brisés à coups de hache ; les colonnes d'attaque occupent successivement les points nécessaires ; la réserve s'avance à leur soutien, et on repousse ainsi successivement les défenseurs jusques dans leur réduit où on tâche de pénétrer avec eux. On ne doit pas du reste négliger de laisser en dehors du village un corps d'observation, sans quoi on s'exposerait à être coupé.

332. Si l'ennemi au contraire se garde mal, on tentera, en augmentant la réserve, de pénétrer presque sur les traces des patrouilles à leur rentrée. Les tirailleurs franchiront résolument les barricades ; de petites colonnes s'élanceront au pas de course pour les soutenir, ayant un point de ralliement bien déterminé. Quelques hommes éprouvés iront droit au logis du commandant et s'assureront de sa personne; une forte section ira s'établir sur la place d'armes pour empêcher le ralliement des défenseurs, qui ne manqueront pas d'y accourir par petites fractions dont il sera facile de s'emparer. On occupera en même tems fortement quelque importante position, où l'on puisse tenir bon, en cas de retour offensif, jusqu'à l'arrivée de la réserve. Enfin, si l'on est en nombre, on dirigera, dès le principe, un détachement pour couper la retraite à l'ennemi, qui, surpris, attaqué de tous côtés à la fois, ne sachant où se porter, n'aura plus d'autre ressource que de mettre bas les armes ou de se faire écraser inutilement.

333. DES BOIS. — Les précautions à prendre pour la défense d'un bois, sont en partie les mêmes que celles dont nous avons parlé pour les villages, sauf les circonstances inhérentes à la nature des lieux. Les bois fermés, c'est-à-dire environnés d'un mur à hauteur d'appui, comme on en trouve quelque fois, ou d'un simple fossé, sont ceux dont la défense est la plus facile, surtout s'ils présentent déjà naturellement une série de saillans et de rentrans.

On conçoit en effet qu'un bois ouvert, de forme à peu près circulaire, laissera l'avantage à l'assaillant de pouvoir lancer immédiatement ses tirailleurs sur la lisière et d'égaliser ainsi la partie. Au surplus, cette question se trouve traitée d'une façon tellement supérieure dans le cours d'*Art Militaire* de M. le commandant Rocquancourt (tome IV, pag. 542 à 552), que nous croyons inutile d'entrer dans des détails qui ne seraient que la répétition de ses préceptes, et nous engageons vivement nos lecteurs à recourir à cet excellent ouvrage.

334. POSTES RETRANCHÉS. — Nous n'aurons pas beaucoup plus à dire des autres postes où l'on peut être appelé momentanément à se retrancher. Nous avons décrit, dans la première partie de cet ouvrage, les dimensions, les propriétés, les avantages et inconvéniens, l'usage habituel de tous les ouvrages de fortification. Il suffit donc de se rappeler ces notions, pour savoir dans quel cas on devra préférer par exemple, une flèche à une tenaille, une lunette à un redan, etc. Ainsi, que pourrions-nous ajouter à cet égard? Nous avons indiqué à la deuxième partie, la manière de les tracer et de les construire sur le terrain, et nous espérons avoir mis assez de simplicité dans nos explications pour les rendre faciles à appliquer. Enfin, dans la troisième partie, nous avons montré comment, à l'aide du calcul, on parvenait à déterminer les dimensions d'un retranchement en raison du nombre d'hommes qu'il doit contenir.

Ainsi, à force de soins et de veilles, nous avons rempli la tâche que nous nous étions imposée, et l'on n'attend pas sans doute que nous allions nous attribuer un rôle qui ne nous appartient pas, en retraçant à chacun l'étendue de ses devoirs envers la France, lorsque la confiance de ses chefs l'appelera quelque jour à se signaler par une glorieuse et intrépide défense.

Non! nous connaissons trop nos frères d'armes pour leur faire une pareille injure! Heureux seulement si nous avons pu leur faire goûter, dans notre faible essai, des connaissances que beaucoup ne possédaient qu'imparfaitement, et si nous pouvons contribuer à entretenir parmi eux l'amour des études militaires, ces nobles délassemens de la paix, ces utiles compagnes à la guerre.

FIN.